PSYCH €5–

Reihe Psychologie
Band 22

Das Seelenleben des Ungeborenen – eine Wurzel unseres Unbewußten

Ludwig Janus (Hrsg.)

Centaurus-Verlagsgesellschaft
Pfaffenweiler 1990

Das Buch umfaßt die Mehrzahl der Referate der 1. Arbeitstagung der DSPPM (Deutsche Studiengemeinschaft für Pränatale und Perinatale Psychologie und Medien) am 17.06.1989 in Heidelberg unter dem Titel: Pränatale und Perinatale Erlebnisvorgänge als Kernelemente des Unbewußten - Befunde und Perspektiven.

CIP-Titelaufnahme der Deutschen Bibliothek

Das Seelenleben des Ungeborenen – eine Wurzel unseres Unbewussten / Ludwig Janus (Hrsg.). – Pfaffenweiler : Centaurus-Verl.-Ges., 1990.
(Reihe Psychologie ; Bd. 22)
ISBN 3-89085-458-3
NE: Janus, Ludwig [Hrsg.]; GT

ISSN 0177-2791

Satz: Vorlage des Autors
Druck: Difo-Druck GmbH, Bamberg

Inhaltsverzeichnis

Aktualisierung prä- und perinatalen Erlebens in der psychotherapeutischen Situation

Methodische Zugangswege und Perspektiven in der prä- und perinatalen Psychologie und Medizin

Prä- und perinatale Wurzeln von psychischen und psychosomatischen Symptombildungen

Kulturelle Verarbeitung prä- und perinatalen Erlebens

VORWORT

Das Buch will mit seinen Beiträgen in einzelnen Beispielen einen Überblick über wichtige Bereiche der pränatalen Psychologie geben. Durch die Tagungen und Aktivitäten der ISPPM (Internationale Studiengemeinschaft für pränatale und perinatale Psychologie und Medizin) ist hier in den letzten Jahren das Wissen enorm gewachsen und bereits heute so umfangreich, daß es notwendig ist, Schwerpunkte zu setzen, die in diesem Buch im Psychotherapeutischen liegen. Dabei ergibt sich zwanglos die Gliederung: Aktualisierung prä- und perinatalen Erlebens in der psychotherapeutischen Situation, methodische Zugangswege und Perspektiven, prä- und perinatale Wurzeln von psychischen und psychosomatischen Symptombildungen und kulturelle Verarbeitung prä- und perinatalen Erlebens. Dabei gehen die Autoren dem Leitthema nach, wie das Seelenleben des Ungeborenen in unserem Erleben fortwirkt. Bei den Beiträgen handelt es sich um die Referate der Tagung der DSPPM (Deutsche Studiengemeinschaft für pränatale und perinatale Psychologie und Medizin) am 17.06.1989 in Heidelberg. Der damalige Beitrag von S. Potthoff zur Haptonomie muß entfallen, da er im wesentlichen in einer eindrucksvollen Demonstration einer haptonomischen Kontaktnahme mit einem Föten und der Vermittlung des Kontaktes zwischen der Mutter und ihrem ungeborenen Kind bestand. Die Möglichkeit dieser tiefenaffektiven Kontaktnahme bekundet sich äußerlich darin, daß der Fötus sich zu der den Mutterleib streichelnden Hand hinbewegt oder auch von der Mutter gefühlsmäßig in seiner Bewegung beeinflußt wird. In vielen Demonstrationen hat Frans Veldman, der diese Kontaktebene wissenschaftlich erschlossen hat, diese Phänomenologie objektiviert. Einen Überblick gibt sein Buch Haptonomie - Science de L'Affectivité (Presses Universitaires de France, Paris 1989). Der Tagungsbeitrag von G. Schusser erscheint wegen seines mehr theoretisch-methodischen Charakters an anderer Stelle.
Die einzelnen Beiträge haben unterschiedliche Schwerpunkte und Schwierigkeitsgrade. Zur Einführung in die Fragen der pränatalen Psychologie sind besonders die Beiträge von G. Scheffler, H. von Lüpke, T. Müller-Staffelstein und D. Kugele geeignet. Plastische Beispiele zur Erlebniswirksamkeit des Früherlebens bieten die Beiträge von R. Stellberg, A. Wirtz, W.A. Hollweg und H. Rausch. Besondere Vorerfahrung und Vertrautheit erfordern die anspruchsvollen Beiträge von E. Meistermann-Seeger und N. Trentmann, die Grundlagenproblemen der pränatalen Psychologie nachgehen. Dabei bietet das Fokaltraining das zur Zeit umfassendste Konzept einer therapeutischen Umsetzung der Einbeziehung der pränatalen Lebenszeit in die Psychotherapie von der Zeugung an. Die Beiträge von I. Roebling, T. Dowling und mir belegen die Fruchtbarkeit der Perspektive der lebensgeschichtlichen Bedeutung der prä- und perinatalen Lebenszeit zum Verständnis kultureller Gestaltungen.

Heidelberg, Januar 1990

L. Janus

Aktualisierung prä- und perinatalen Erlebens in der psychotherapeutischen Situation

Über Fokaltherapie

Beudeutung des pränatalen Erlebens und wie wir versuchen, es zu aktualisieren

Edeltrud Meistermann-Seeger

Gestatten Sie mir einen Blick auf die psychoanalytische Entwicklung: Bis 1905 Freud darauf hinwies, daß es eine Sexualität des Kleinkindes gäbe und deren erster Höhepunkt um das vierte Lebensjahr zu erkennen sei als Ödipus-Komplex; bis 1925 Melanie Klein die Bedeutung der ersten Lebensmonate für die Entstehung der Depression und der Schizophrenie zeigte, gab es keine Idee darüber, daß im Pränatalen sich ein ähnliches Erleben abspielte wie in der späteren Lebenszeit: Mit Objektbeziehungen, mit Lustgewinn, mit der Erfahrung von Frustration und Aggression, kurz: mit der Eigenheit des Fötus in seiner Entwicklung. Wir haben zwar keine Möglichkeit, Erfahrungen über die Empfindungen und Erlebnisse des Fötus vor seiner Geburt zu sammeln; wir sind darauf angewiesen, in unseren therapeutischen Erkenntnissen mit Hilfe unserer Patienten dieses vollkommen dunkle Feld aufzuklären; und jeder Versuch ist ein Risiko wissenschaftlicher Art.

Wir haben, ermutigt durch Michael Balint's Ideen über die Fokaltherapie und den Grundmangel, die psychische Situation des Kindes intrauterin und bei der Zeugung zur Grundlage unserer Behandlungen im Fokaltraining gemacht. Wir gingen davon aus, daß die Beziehung der Eltern untereinander vor und bei der Zeugung und während der Schwangerschaft für die psychische Entwicklung des Kindes von großer Bedeutung sein müsse. Wir haben bisher keine Möglichkeit gefunden, empirische Daten hier zu sammeln und suchen nach einer anderen Methode, unsere Erkenntnisse zu verifizieren. Diesen Bericht kann ich Ihnen heute noch nicht liefern.

Vielmehr versuchen wir im Fokaltraining, einer Kurztherapie, das früheste pränatale Ereignis, die Zeugung des Patienten, als Erinnerungsspuren wiederzubeleben, diese also bildhaft und bewußt zu machen. Denn die Zeugung ist nicht nur verbunden mit dem Ursprung des Lebens und der Eigenheit des Einzelnen, sondern diese ist auch die Quelle seiner späteren neurotischen Probleme. Als Hilfsmittel haben wir die Träume und die verschiedenen Berichte über die sozialen Daten benutzt.

Unsere praktische Erfahrung hierzu: Wir sind eine Gruppe von Psychoanalytikern, die seit 1973 in nunmehr 16 Jahren 132 Patienten mit Hilfe des Fokaltrainings mehr oder weniger erfolgreich behandelt haben. Außer diesen 132 gibt es noch 10 Patienten, die ihr Fokaltraining abbrachen; und einer starb.

Das Wichtigste bei dieser Therapie ist die Behandlung der Patienten durch die Gemeinschaftsleistung des Therapeuten und des Fokalseminars. Technisch gesehen: Jede Sitzung, die der Therapeut alleine abhält, wird möglichst wörtlich und genau unmittelbar nach der Sitzung von ihm niedergeschrieben und dem Fokalseminar berichtet. Das Fokalseminar: Das sind 8-10 Kollegen und 3-4 Protokollanten, die sich jede Woche treffen, um die Berichte jedes einzelnen Kollegen zu diskutieren. Zum Schluß der Diskussion, die ca. 30 Minuten dauert, wird dem Therapeuten, der als Einziger den Patienten sieht, für die weitere Behandlung eine Sequenz von Empfehlungen und Strategien gegeben. Es wird ihm gesagt, wie er in der nächsten Sitzung weiterarbeiten soll.

Fokaltraining ist eine Kurztherapie von exakt 25 Trainingsstunden à 50 Minuten, die einmal wöchentlich stattfindet. In dieser Sitzung werden die Probleme des Patienten, seine Übertragung auf den Therapeuten und dessen Gegenübertragung vom Fokalseminar beobachtet und mit dem Trainer diskutiert. Trainer und Fokalseminar orientieren ihre Arbeit und die Empfehlungen zur Weiterführung der Therapie an drei Richtlinien: dem "Grundmangel" des Patienten; seinem Kernkonflikt, also seiner ödipalen Geschichte oder seinerFähigkeit, Dreiersituationen zu ertragen; und an dem Fokus. Michael Balint hat die von ihm so genannte Fokaltherapie erfunden und postuliert während der Zeit meiner Ausbildung bei ihm in London in den Jahren 1956 und 1958. Ich habe meine Weiterentwicklung der Fokaltherapie mit ihm bis zu seinem Tode diskutiert. Den Bericht über die 16 Jahre Fokaltraining, die Erläuterung der Methode und ihre Theorie können Sie in meinem Buch "Kurztherapie Fokaltraining - Die Rückkehr zum Lieben" finden (Verlag für angewandte Wissenschaften, München, 2. Auflage 1989). Am Untertitel können Sie erkennen, worauf es in dieser Kurztherapie vor allem ankommt: In dem Patienten Liebe wiederzubeleben, die er zwar durch Zeugung bis zu seiner Geburt und vielleicht auch danach kennenlernte, aber vergessen und viel zu wenig benutzt hatte. Wir versuchen, ihn die Liebe erfahren zu machen während der Therapie durch die intensive Aufmerksamkeit von 10-15 Menschen, die etwas von Psyche und auch von Liebe verstehen. Aufmerksamkeit über ein Jahr hinweg, die hilft, neue Erfahrungen im Lieben zu sammeln.

Außer diesem wichtigsten Punkt aber gibt es noch etwas anderes: Der Therapeut muß mit dem Fokalseminar arbeiten in Offenheit und Vertrauen. Der Trainer ist stark involviert durch die in der Therapie herbeigeführten Erregungen des Patienten. Um sie ertragen und verarbeiten zu können braucht er einen sicheren Rückhalt während der therapeutischen Arbeit. Dazu aber muß er dem Fokalseminar FOLGEN und dessen Empfehlungen und Strategien, dessen Meinung über Verlauf, Inhalt und Erfolg des Trainings bedingungslos annehmen. Das Folgen-können ist die wichtigste Voraussetzung für einen Fokaltrainer. Um Folgen kennenzulernen und zu lernen, wird jeder neue Fokaltrainer eine

Zeit lang, 1-2 Jahre, als Protokollant im Fokalseminar mitarbeiten. Lieben und Folgen: und das Verständnis des Grundmangels des Patienten. Hier komme ich auf Balint zurück.

In "Drei psychische Bereiche" schildert Balint drei Formen der Objektbeziehungen: den Bereich der Dreierbeziehung, die ödipale Situation, die mit Vater und Mutter erlebt wurde; die Dualbeziehung, die auf die symbiotische Beziehung zwischen Mutter und Kind zurückweist; und als drittes erkennt er den Bereich des Grundmangels, den "basic fault". Balint hat mit diesem Begriff einer ubiquitären psychischen Befindlichkeit einen Namen gegeben.

Der Grundmangel entsteht bei der Zeugung. Grundmangel ist kein früher oder zentrales Trauma des menschlichen Wesens, des kleinen Kindes; er ist vielmehr ein Defekt in der Struktur, eben ein Mangel; er ist kein Konflikt oder gar Komplex, nichts Zusammengesetztes, das in irgend einer uns bekannten Form therapeutisch bearbeitet werden könnte. Grundmangel ist nicht durch ein postnatales Ereignis entstanden.

Der Einfluß des Grundmangels reicht weiter zurück als der des Ödipus-Komplexes. Er erstreckt sich über die gesamte psychisch-biologische Struktur des Menschen und erfaßt in wechselnden Ausmaßen und Formen Körper und Seele. Grundmangel ist eine Beschaffenheit von persönlicher Eigenheit wie Blutbild, Fingerabdruck, Lebendigkeit.

Die Hauptwirkung des Grundmangels zeigt sich in dem Unvermögen des Zueinander-Passens. Wir müssen erlernen, zueinander zu passen: Kind zur Mutter - Kind zum Vater - Kind zu den Geschwistern - Kind zur Umwelt. Hier, in dem Zueinander-Passen, besteht von Anbeginn Mangelhaftigkeit.

Denn die Erzeuger, die Eltern, passen selbst schlecht und recht zusammen. Sie geben dem Kind eine verschiedenartige Mitgift als ihr genetisches Erbe, das auf eine subtile oder auch grobe Weise gar nicht zueinandern paßt. Wie aber diese Unterschiedlichkeit, das Unpassende der beiden Mitgiften erkennen?

Grundmangel wird fühlbar und erkennbar in jeder Zwei-Personen-Beziehung, deren Probleme in einem Bereich angesiedelt sind, in dem Worte ihre konventionelle Bedeutung verlieren - denn Grundmangel ist präverbal. Jede regressive Zwei-Personen-Beziehung bringt die Möglichkeit, den Grundmangel zu erkennen, etwa in der Analyse. Auch die Regression verändert sich im Bereich des Grundmangels. Nicht mehr, wie Freud es sagt, ist Regression ein Prozeß , der "sich gänzlich in der Seele des einzelnen abspielt". Im Bereich des Grundmangels dient die Regression dem Erkannt-Werden durch ein fremdes Objekt: die Erkenntnis des Grundmangels ist eine Gemeinschaftsleistung von Trainer und Patient.

Schon Balint beschrieb, wie in einer fortgeschrittenen Analyse diese gemeinsame Regression als wortlose Verständigung zwischen Therapeut und Patient möglich wird. Gerade dieser wortlosen Verständigung haben wir unsere besondere Aufmerksamkeit zugewendet und versucht diese Regression zu beschleunigen. Sie soll möglichst schon in der jedem Fokaltraining vorangehenden psychologischen und tiefenpsychologischen Untersuchung ihren Anfang nehmen. Wir sind heute soweit, daß wir in der ersten Diskussion über den Patienten und seiner Eignung zum Fokaltraining die Frage nach seinem Grundmangel stellen.

Ich möchte etwas mehr über den Grundmangel sagen. Grundmangel ist eine immanente Grenze der menschlichen Entfaltung, die von außen, von innen oder von beiden Seiten aufgebaut wird, - eine Abgrenzung, bei der die Empfindung des Mangels entsteht, weil bestimmte Anreize gesehen, aber nicht für die Entwicklungsbewegungen wahrgenommen werden können. Grundmangel ist ein Plan, in dessen Rahmen die eingeschränkte Entwicklung abläuft; ein Mangel, der als Ungleichgewicht zur Balance herausfordert.

Dieses Ungleichgewicht entsteht aus der unterschiedlichen Wirkung der Mitgift der Eltern, der beiden Geschlechter, aus der Wirkung von Vater und Mutter auf die Entwicklung des Keims.

Ich will das Biologische nur kurz streifen: Der mütterliche Einfluß dominiert in der Entwicklung des befruchteten Eies, nicht nur durch seine Einbettung im Zytoplasma; nicht nur durch den größeren Anteil mütterlicher Materie im Gezeugten. Die Mutter ist für das Kind durch das Zytoplasma der Anreger der Anpassungsfunktionen. Und sie ist es, die dem Kind die erste Erfahrung von Gemeinschaftsleistung gibt: Sie beide machen gemeinsam die Erfahrung von Umweltbeziehungen. Sie kann das künftige Kind lieben oder es als lästig empfinden; sie kann es hassen und zu töten versuchen; sie kann dem Foetus geben oder auch verweigern, etwa das Erlebnis des orgiastischen Paroxysmus, indem sie sich dem Vater hingibt oder verweigert. Sie kann den Vater des Kindes in sich wohnen haben als ein Bild von Gut oder Böse und kann dieses Vater-Bild dem Embryo vermitteln, immer durch physische Äquivalente aller Arten von Empfindungen, die sie mit dem Vater erlebt. Sie kann aber auch den Vater sich und dem Kind als unwesentlich imaginieren und kann nach der Geburt diese Übermittlung fortsetzen. Sie ist die Bestimmerin seiner inneren Bilder.

Der Grundmangel entsteht aber nicht erst im Foetus, sondern bei der Zeugung. Sie, die Zeugung, ist durch keine psychische Erregung der Eltern von ihren übrigen psychischen Befindlichkeiten abgehoben: Die Eltern merken von der Zeugung nichts. Das gezeugte Wesen ist von Anfang an ganz allein mit der Aufgabe belastet, in sich die genetische Mitgift der Eltern mit all ihren Sonderbarkeiten und sich der Verschmelzung widersetzenden Unvereinbarkeiten zu verbinden, sie in sich passend zu machen, in sich selbst die Eltern auf immerdar zu verschmelzen.

Ich will hier ein Wort über die Zeugung anführen. In der Konversion der Zeugung, die wie jede Konversion, eine Übertragung psychischer Energien ins Körperliche ist, muß wie bei jeder Konversion eine innere Vorstellung aufgegeben werden, wie Freud es beschrieben hat. Mir scheint bei der Zeugung muß die unerträgliche Vorstellung des Todes, die zu allen Zeiten mit dem Koitus verbunden war, eliminiert werden. Erst nach dem völligen Aufgeben des Bildes "Tod" kann die Konversion in jenen gegnerischen Stücken des Körpers der Liebenden, in Ei und Samen, ihren Ausdruck finden. Das ist scheinbar rein körperlich, ohne spürbares psychisches Äquivalent.

Samen und Ei, phylogenetisch gesehen Bildträger, wissen nichts von der Konversion der Zeugung; aber sie sind mächtig genug, die Todesvorstellungen des liebenden Paares so weit zu verdrängen, daß die unterschiedlichen Körperstücke, Samen und Ei, einander begegnen können und miteinander verschmelzen. So entsteht das neue Wesen in seiner Eigenheit: Es macht sich selbst. Diese Eigenheit ist die wirkliche Kraft des Kindes, ihre Entdeckung ist die Voraussetzung für das Gelingen des Lebens und auch des Fokaltrainings.

Die Eigenheit des Kindes steht der vollkommenen Verschmelzung der Eltern im Kinde entgegen. Die Ungleichgewichtigkeit der beiden Geschlechter bleibt erhalten, sie wirkt schon im Keim und später im Wachstum des kleinen Kindes, das, ohne es zu wissen, mit der endlosen Aufgabe beschäftigt ist, die Balance zwischen den väterlichen und mütterlichen Anteilen zu finden. Es bleibt bis zum Tode schwer, die Unvereinbarkeit des Untrennbaren, die Mitgift der Eltern zu ertragen.

Das also ist der Grundmangel: Einzigartigkeit, Kraft und Freiheit einer jeden Person und das zentrale Problem ihrer Neurose.

Ein anderer Zugang zum Grundmangel: In der Zeugung bewirkt die rasende und glühende Manie der Konversion Erregung, die als Eigenheit beim Erscheinen des Grundmangels immer wieder aufflammt und für das Fokalseminar sichtbar und benennbar wird.

Aufdeckung des Grundmangels

In den mehr als hundert Fokaltherapien ist es uns gelungen, den Grundmangel eines jeden Patienten als eine pränatale, seit der Zeugung bestehende psychische Eigenheit aufzudecken und zu benennen. Jeder einzelne Fokaltrainer hat dies für jeden einzelnen seiner Patienten allein und selbständig gemacht, im allgemeinen nach den ersten drei bis vier Sitzungen. Ich konnte lange nicht nachvollziehen, wie wir den Grundmangel finden. Ich verstand zuerst, daß mehrere Dinge beachtet werden müssen: Die Verschiedenheit der Bilder eines jeden Menschen im Anbeginn seines Lebens und der Wandel dieser Bilder im Verlaufe des Lebens und auch des Trainings. Die nach der Geburt entstandenen Bilder sind vollkommen verschieden von denen, die vorher die Objektbeziehungen steuerten. Verschieden sind die Bilder der Zeugung und der Beziehung zu Mutter und Vater im Mutterleib: Sie sind anders während der Geburt und nach dem Eintritt in die Welt.

Diesen Bilderwandel des Patienten während seines ersten Trainings zu beachten, hilft zur Erkenntnis des Grundmangels. Wandel der Bilder seiner Eltern, deren Wertsetzungen. Wandel der Bilder seines Über-Ichs, seiner Beziehung zum Trainer, der Einstellung zu der Beziehung der Eltern, zur Familienhierarchie; seine Abhängigkeiten und die Bilder der Herkunft. Herkunft im sozialen Sinne, aber auch im libidinösen. Alle Bilder wandeln sich immer wieder und erst recht im Training.

Ich meine hier auch die Bilder der Großeltern, deren Bedeutung wird erst in den letzten Jahren erkannt haben. Denn die Grundmängel der Eltern und ihre nicht verwirklichte Eigenheit hängt mit ihren Eltern, den Großeltern unserer Patienten zusammen. Sie erkennen heißt, das schwere Erbe der untrennbaren und unvereinbaren Mitgiften effektiv und hilfreich werden zu lassen.

Der Mensch beginnt seine Laufbahn der Eigenheit und Lebendigkeit nicht im primären Narzißmus, sondern in der primären Liebe, der Urform der Liebe, einer Liebe ohne Grenzen, Härten und Rückwürfe. Schließlich darf nicht vergessen werden, daß Eigenheit und Grundmangel, eine entscheidende Wurzel haben im Unvereinbaren der Eltern, das untrennbar in jedem Gezeugten fortbesteht.

Und nun will ich versuchen, Ihnen ein Beispiel zu geben für Erkenntnis und Benennung eines Grundmangels. Ich berichte Ihnen, mit seinem Einverständnis, von einem Physiker. Kein Patient, ein guter Bekannter, der hin und wieder ein Wort über seine Eltern verloren hatte. Er kannte meine Theorien über den Grundmangel und war bereit, den Versuch zu wagen, den seinen zu entdecken. Er ist ein präziser Denker, in seinem Beruf absolut sicher, bei Widerspruch kämpferisch.

Ich wußte, daß seine Eltern in schweren Spannungen gelebt hatten, und daß seine Mutter den Vater, wie sie selber sagte, nie geliebt hat. Als erstes fragte ich ihn, ob die Mutter abhängig gebunden an ihren Vater, also seinen Großvater, gewesen sei. Nach kurzer Pause kam ein Bericht über die Meinung seines

Vaters zu den Brüdern der Mutter. "Sie waren alle Taugenichtse" - eine Äußerung als Identifikation mit seinem Vater, der, wie er sagte, diese Brüder für schwach und schlecht hielt. Dann: "Die Mutter wollte einen Beamten heiraten, keinen Freiberuflichen." Mir fiel ein: Sie hatte seine Kindheit mit Poesie erfüllt, sie war zwei Jahre älter als der Vater, hatte ein steifes Knie, hinkte, war langsam. Ich: "Warum sie wohl begehrenswert für ihn war?" Er: "Sie war sehr schön." Ich wußte, daß er seinen Vater verehrt hatte und sich mit ihm politisch und moralisch identifizierte.

Ich hatte bei der Antwort über die Brüder Erregung verspürt und Wärme. Dieser Logiker, und hier so unpräzis. Ich sagte: "Kann man sagen: Der Vater schätzte das Blut der Mutter weniger als ein eigenes. Sie verachtete seine Bilderlosigkeit." Und nannte dann den Grundmangel: "Weil Vater mich zeugte, während er das Blut der Mutter verachtete, und sie seinen Geist wegen seiner Bilderlosigkeit gering schätzte und ihn deshalb nicht lieben konnte, ist mein Umgang mit der Realität unsicher, schroff, zwiespältig, voller Empfindlichkeit."

Seine Antwort (gar nicht aggressiv, gar nicht kämpferisch, fast hingebend): "Ja, so war es" - und dann, etwas distanzierter: "So könnte es gewesen sein." Wir haben nie mehr darüber gesprochen.

Eines ist in diesem Fall wie immer, wenn der Grundmangel verstanden wird: Ein blitzartiger Einfall, der den Trainer mit Erregung und Wärme, mit Wohlbefinden erfüllt. Er ist einig mit sich und dem Patienten. Dazu gehört, daß vorher eine Spur auftauchte, die weit zurück zu verfolgen ist. Man darf die Spur nicht suchen, nicht kombinieren, sie nicht logisch entwickeln. Man muß sie spüren, diese Spur des Grundmangels. Ich denke, jeder von uns erkennt Spuren des Grundmangels bei jedem, und fortwährend, mit dem er zu tun hat, mit dem er eine Beziehung anknüpft; und er erkennt das, ohne es zu wissen.

Das also ist die dritte Voraussetzung außer Lieben und Folgen: In Gemeinschaft erkennen, realisieren und behalten jener Spuren des Grundmangels, die seit der Zeugung als unvereinbar-untrennbare Mitgift der Eltern der Eigenheit entgegen wirkten.

Kinder- und Jugendlichenpsychotherapie

Gerhard Scheffler:

> Statt mich an die Tatsache des Geborenwerdens zu halten, wie es der gesunde Menschenverstand mir nahelegt, wage ich mich weiter, schleppe ich mich nach rückwärts, retrogradiere ich immer mehr wer weiß welchem Anfang entgegen, schreite ich von Ursprung zu Ursprung.
> Vielleicht gelingt es mir, eines Tages den Ursprung selber zu erreichen, um dort zu rasten oder unterzugehen.
>
> E.M. Cioran

Lassen Sie mich anfangs auf eine Koinzidenz hinweisen. Seit Jahren beschäftigt sich die Psychoanalyse wieder verstärkt mit dem prä- und perinatalen Erfahrungsraum, greift sie zurück auf Ranks Werk vom "Trauma der Geburt". Diese alt-neue Sichtweise deckt sich mit Entwicklungen unserer Jugendlichen in ihren Subkulturen. Seit einigen Jahren haben <u>die</u> Gruppen großen Zulauf, die sich - wenn auch mehr unbewußt - ebenfalls mit dem prä- und perinatalen Erfahrungsbereich beschäftigen. Aus der Arbeit mit den Jugendlichen heraus zeigt sich, daß verschiedene Kultgruppen der 80er Jahre den jungen suchenden Menschen Wege bis in den "Uterus" und wieder hinaus zu einer psychischen Neugeburt öffnen. Ein solcher Weg sei kurz skizziert.
Jugendliche wenden sich zunächst der Gruppe der "Waver" zu, wave, die Welle, sie schwimmen gemeinsam in den Wellen. Sobald sie aber von den Wellen überschwemmt werden, wechseln sie in die Gruppe der "Grufties", kleiden sich in schwarz, meiden die Sonne und die Helligkeit, bemalen ihren Teint leichenblass und wollen in dunkle und geheimnisvolle Welten vordringen.
Sie feiern "funeral parties", singen Lieder wie "I want to sleep in a deep black water" und turnen sich mit der Gefühlsdroge Schwermut an.
Haben die Jugendlichen dann ihre Tiefenregression durchlebt, so wenden sie sich den "progressive groups" zu, wieder auf dem Weg nach vorn. Sie können also miterleben, welche Möglichkeiten sich junge Menschen auf dem Weg zu ihrer Identität suchen.
Wie die autonome Seele sich ihre Wege sucht, so können wir Therapeuten in der Arbeit mit Kindern und Jugendlichen in der Mehrzahl der Behandlungen den Weg zurück in den prä- und perinatalen Raum auffinden.
Ob sich im Temenos oder besser im Uterus der Behandlungssituation der Therapeut von der Aktualisierung prä- und perinatalen Erlebens im symbolischen Geschehen anmuten lassen kann, hängt natürlich von seinem Standort ab, auch von seiner Bereitschaft und seinem Mut, sich auf solch tiefe Regressionen des Kindes oder Jugendlichen einzulassen. Ängste können ihn daran hindern, aber er kann auch selbst noch gefangen sein in geburtstraumatischen Ängsten,

oder er hat in seiner Analyse die Begegnung mit dem Geburtstrauma nicht erfahren können.

Meine therapeutische Erfahrung zeigt, daß es in d e n Kinder- und Jugendlichentherapien zu prä- und perinatalen Erfahrungen kommt, in denen mir aus der Biographie über eine schwierige Geburtssituation berichtet wurde, und es außerdem in der frühen Kindheit zu verschiedenen Traumata gekommen ist.

Bei Geburtstraumata fallen insbesondere auf:

Zangengeburt - Asphyxie - Steckenbleiben im Geburtskanal - lange Wehendauer - Wehenschwäche - Kaiserschnittentbindungen.

Auch in d e n Therapien gelangen Kinder und Jugendliche gehäuft zu prä- und perinatalen Erfahrungen in denen es sich

um unerwünschte Kinder handelt,
um ambivalente Einstellungen der Mütter,
um emotional gestörte Mütter,
um Angst vor dem Kind,
um psychische Belastungen der Eltern, resp. der Mütter durch familiäre Probleme wie Ehekrise, Unfälle, Tod eines Angehörigen, also um Konflikte, die die psychische Energie stark absorbieren.

Ein Blick auf diese Skala verdeutlicht, daß es in der Mehrzahl der Therapien zu tiefen Regressionen in den prä- und perinatalen Erfahrungsraum kommen muß.

Es läßt sich bei jungen Menschen, die zu einer solch Tiefenregression finden, auch eine bestimmte Symptomatik eruieren, wobei eine hohe Angstbereitschaft im Vordergrund steht. Es fallen auf:

Todes- und Trennungsangst - Agora- und Cluastrophobie - Höhenschwindel - Angst vor Aufzugs- oder Tunnelfahrten, massive Prüfungsängste - enuresis und encopresis.

Immer wieder werden in der Biographie des jeweiligen Menschen die Ängste und Phobien durch psychisch belastende Erlebnisse aufgeladen.

Nun sollen aber Kinder ung Jugendliche zu Wort kommen, deren Spiele und Phantasien uns den Weg in den prä- und perinatalen Raum aufzeigen.

Kinder- und Jugendlichentherapeuten sind in der glücklichen Lage, von den jungen Menschen intensiv in Rollenspiele eingebunden zu werden, aktiv als Be-

gleiter eines autonomen Heilungsprozesses herangezogen zu werden. Sie können die symbolträchtigen Spiele und Phantasien bei entsprechendem Symbolverständnis amplifizieren und somit im "Uterus des Behandlungszimmers" zu seelischen Geburtshelfern werden.
Ob die Begleitung bei der psychischen Neugeburt gelingt, hängt davon ab, ob der jeweilige Therapeut das Symbolgeschehen intuitiv erfassen und erkennen kann. Es muß ihm möglich sein, die unmittelbare Wirkung eines Symbols emotional zu erfassen, dann zu einer Deutung der im Symbol enthaltenen Dynamik zu finden und letztlich - das ist der schwierige Weg zwischen Scylla und Charybdis - zur rechten Zeit den heilsamen Aspekt des vielschichtigen Symbols zu erfassen, um sich selbst den Gehalt verstehbar zu machen, um dann gemeinsam mit den jungen Menschen den Weg der Regression zu gehen bis hin in den prä- und perinatalen Erfahrungsraum.

Der sechsjährige Max soll uns nun einmal zeigen, wie er den "Rückzug in den Uterus" und seine psychische "Wiedergeburt" gestalten konnte.
Auf den Rat eines Kinderarztes meldeten sich die Eltern mit Max zur Therapie, da der Junge an Trennungsängstlichkeit, Babysprache und "Essen in Ecken verstecken" litt.

Der Junge ist der zweitgeborene Zwilling einer Erstgebärenden, die nicht auf eine Zwillingsgeburt vorbereitet war. Max wurde mit knapp 8 Monaten vier Stunden nach seinem Bruder geboren. Die Mutter formuliert dazu in der Anamnese: "Da hatte sich noch ein Zweiter in der Ecke versteckt!"
Max mußte wegen Atembeschwerden und kurzfristigem Atemstillstand 3 Wochen länger in der Klinik bleiben als Mutter und Bruder.

Höhlenspiele waren es, die Max in die Tiefenregression führten.
Nach 30 Sitzungen kam es in der Therapie zu 8 Höhlenspielen. Max baute dabei seine Höhlen so stabil wie Burgen.

1. Spiel: Er verkriecht sich in der Höhle, beauftragt mich, ihn zu suchen ohne ihn finden zu dürfen, da er sich "in der letzten Ecke versteckt habe". Gummibärchen muß ich ihm als Nahrung in die Höhle legen. Ich muß ihm dazu immer wieder bestätigen, daß ich ihn immer suchen werde und auch weine, weil ich ihn nicht finden kann.

Vier weitere Höhlenspiele laufen in der gleichen Weise ab, werden aber noch intensiver gestaltet, dauern auch länger.

5. Spiel: Am Ende eines langwährenden Höhlenspiels darf ich ihn finden, mein Glücksgefühl darüber kundtun, ihn aber noch nicht aus seiner Höhle herausholen.

6. Spiel: Nach einem intensiven Höhlenbau befiehlt Max, daß ich das Zimmer verdunkeln soll und eine Lampe in die Höhle reichen möge.

7. Spiel: In die zu Beginn sogleich erleuchtete Höhle muß ich ihm Eisenbahnschienen hineinreichen, dazu eine Lok mit 3 Anhängern. Er baut eine Gleisanlage bis zum Höhlenausgang, läßt dann den Zug darauf fahren.

8. Spiel: Er baut erneut in der Höhle eine Gleisanlage auf, läßt aber die Schienen aus der Höhle herausreichen. Dann fährt der Zug auf den Gleisen aus der Höhle heraus.
Dann darf ich ihn behutsam mit beiden Händen aus der Höhle herausziehen.

Nach diesem Wiedergeburtsspiel, das nur nach seinen Anweisungen vom Therapeuten begleitet wurde, kam es nie mehr zu Höhlen- oder Eisenbahnspielen.

Noch in der "Stunde seiner Geburt" hatte sich Max an den Tisch gesetzt und erstmals in der Therapie gemalt. Es entstand ein Bild mit dem Titel:
"Eine Autostraße mit Qualm vom Auto".

Max brachte sich über mehrere Therapiestunden hinweg selbst aus dem dunklen Uterus ans Licht der Welt und stellte seinen Geburtszug auf einer archaischen Stufe dar.
In manchen Sprachen werden für den Geburtsakt übrigens Ausdrücke mit Licht verwendet, so z.B. im Spanischen: dar a luz - ans Licht bringen.

Über das Eisenbahnspiel sind wir an Sigmund Freud erinnert, an seine Eisenbahnphobie sowie an seine Grundregel, die er mit dem Eisenbahnspiel erklärt hat.

Nicht jede Therapie beschenkt den Therapeuten in symbolischen Gestaltungen mit solch tiefen Regressionserfahrungen.

Eine fundierte Anamnese und eine den therapeutischen Prozeß der Kinder und Jugendlichen begleitende Elternarbeit ermöglicht Therapeut wie Eltern eine tiefgreifende Erfahrung, wobei - durch den therapeutischen Wandlungsprozeß bedingt - Eltern durch eine emotionale Entlastung Schuldgefühle abbauen, häufig ihre Amnesie über die frühkindliche Entwicklung aufgeben und in den Frühraum der Eltern-Kind-Beziehung zurückgehen können. Zu Beginn einer Therapie formulieren Eltern oft: "Es war früher alles in Ordnung", im Verlaufe der Therapie aber können verdrängte Gefühle und Ängste wieder wachgerufen werden, was sich dann in dem schlichten Satz ausdrückt: "Ach, das hatte ich ganz vergessen,---"

Die Begegnung mit prä- und perinatalen Erfahrungen fand ich zunächst nicht über die Symbolgestaltungen der Kinder, sondern über die Arbeit mit drogenabhängigen Jugendlichen.

Als ich die Werke von Stanislav Grof las, fand ich bestätigt, was häufige Erfahrung in den Therapiesitzungen war.

LSD ermöglichte den Jugendlichen die Regression zur prä- und perinatalen Erlebnissphäre, in denen sie ihr eigenes Geburtstrauma wiedererlebten und die Stadien ihres Geburtsvorganges beleben konnten. Da wurde z.B. der optimale Zustand der symbiotischen Einheit mit Gefühlen von Sicherheit und Geborgenheit gefunden in einem ozeanischen Gefühl; die lebensbedrohende Geburtskanalsituation mit klaustrophobischen Zuständen und Gefühlen von Gefangenschaft, in denen die Mutter zur Schlange, der Vater zum Drachen wurde; mit dem Gefühl des Vorangetriebenwerdens durch den Geburtskanal, das sich in den Phantasien als Kampf mit Schlange, Hai etc. gestaltete bis hin zum Gefühl des Ausgestoßenwerdens, das sich als Weg vom Leiden zur Auferstehung zeigt.

Drogenabhängige haben ihre Drogeneinnahme in der Regel sehr ritualisiert, so daß dem Therapeuten das zentrale Erlebnis von Tod und Wiedergeburt im Rausch deutlich wird. Gelingt es, diesen angstmachenden Prozeß zu begleiten, können die Drogen aufgegeben werden und der junge Mensch kehrt zurück in das reale Leben, aber von einer neuen Seinsweise geprägt, wie wir dies aus den Initiationsriten kennen.

Nun sollen Jugendliche, die ihren Gefühlsbereich gern in Gedichten ausdrücken, mit einigen Versen vorgestellt werden:

<u>Michael, 16 Jahre:</u>

Zu Beginn der Therapie:
"Der letzte Sonnenstrahl hat sich zurückgezogen,
die Nacht bricht an und wird kein Ende haben,
was bleibt ist nur der Tod."

Gegen Ende der Therapie:
"Da mir die Welt den eigenen Weg gelassen,
werd ich zum Angedenken
die Welt mit einem neuen Ziel beschenken."

<u>Daniela, 16 Jahre:</u>

Zu Beginn der Therapie:
"Ich bin eine Fremde in dieser Welt,
ich bin tot, meine Seele ist fortgeflogen."

Gegen Ende der Therapie:
"Ich bin ein Phönix, aus der Asche meiner Träume
schlüpft neues Leben, neuer Atem, neue Freude."

Markus, 18 Jahre:

Zu Beginn der Therapie:
"Komm, komm, erhebe dich!
Laß zurück das Gefängnis - des Raums und der Zeit
laß unter dir die Folter der Angst und der Furcht,
verlasse den Kerker der Unfähigkeit und Unwissenheit,
entkomme dem Verlies der Hilflosigkeit und der Nichtigkeit,
gehe vom Schafott der Todesangst und der Nacktheit.
Folge mir nach in die Grenzenlosigkeit und die Ewigkeit,
werde schwerelos im Wissen und Gewißheit!
Doch, wo willst du hin?
Ich weiß es nicht! Vielleicht ans Kreuz!"

Einige Monate später sagt mir der junge Mann: "Ich glaube, das hat doch noch was genutzt mit der Therapie, denn ich habe geträumt, daß ich am Bahnhof stehe, micht selbst umarme und in den Süden reise."

Jochen, 13 Jahre:

unerwünschtes Kind, an Asthma leidend, berichtet in der Initialphase der Therapie folgenden Traum:
"Da ist ein langer Tunnel, ich bin reingelaufen, ab und zu war Licht da. Plötzlich überfällt mich Angst, ich kann nicht mehr frei atmen."
Wochen später schreibt er abends in seiner Betthöhle:
"Dieser kleine Jochen ist in den Mist gekrochen,
größten-teils gezwungen, ist er hineingedrungen,
trotz seiner Supernase - er ist ein Angsthase!"

Bei den Kindern und Jugendlichen entdecken wir in Spielen, Phantasien und den Versen die psychodynamische Funktion der Kreativität, wobei diese verstanden werden kann als ein gelungener Versuch, ein Gefühl eigener Lebendigkeit und Sicherheit im Meer innerer und äußerer Bedrohungen zu finden.

Kinder wählen verschiedene Symbolspiele für diese Tiefenregression, zwei Spielarten seien stellvertretend genannt.

1. BABYSPIELE: Sie gehen ans Puppenhaus, spielen Baby, werden selbst Baby, entwickeln Babysprache, verdunkeln das Zimmer, legen sich mit dem Therapeuten im zuvor verdunkelten Raum auf den Boden und finden über viele Stunden zu einer seelischen Neugeburt.

2. BAUERNHOFSPIELE: Über die Beschäftigung mit den Pferden und Fohlen, Kühen und Kälbern, Schweinen und Ferkeln nähern sich die Kinder ihren eigenen frühen Erfahrungen über den vegetativen und animalischen Raum.

Da sind besonders die Schweine und Ferkel hilfreiche Wesen. Das Schwein wird als Uterustier erlebt, die dicken Schweine werden oft auch als trächtig gesehen, und gemeinsam läßt sich ausphantasieren, wie das Ferkelsich wohl als Fötus im Uterus erlebt. Die Therapiesituation wird zur Uterussituation. Häufig greifen die Kinder danach zur Muttersau, die die Neugeborenen säugt. In der Geborgenheit des Behandlungszimmers geschieht die Progression in eine andere Ebene.

Über das beliebte Höhlenspiel der Kinder berichtete ich bereits.

In ihren kreativen Gestaltungen stehen Kinder und Jugendliche ihren Trieb- und Instinktseiten noch sehr nahe, sie verbrämen ihre Konflikte noch nicht intellektuell,. müssen nicht zu Rationalisierungen Zuflucht nehmen und haben sich die Fähigkeit, spontan in eine tiefe Regression einzusteigen, erhalten.

Abschließend möchte ich noch auf drei projektive Testverfahren hinweisen, in denen wir auf Spurensuche gehen können, um den Weg der Kinder und Jugendlichen in den prä- und perinatalen Raum ahnend vorwegerfahren zu können.

Der WARTTEG-Zeichen-Test (WZT)

Finden wir gehäuft Lösungen mit Meer oder Teich, Sonnenuntergänge, Tunnel oder Spinnennetze, dann kann dies bereits ein wichtiger Hinweis auf eine zu erwartende Teifenregression sein.

Der STADTPLAN Test

Kinder und Jugendliche entwerfen zu Beginn der Therapie oft einen noch sehr amorphen Plan, der aufzeigen kann, wie sie selbst noch in den "Uterus" eingebunden sind. Gegen Ende der Therapie zeigt der Stadtplan oft eine Mandalaform, dessen Zentrum stark besetzt ist.

Der BAUM-Test

In den Gestaltungen zeigt sich noch ein sehr tiefes Erdreich, in das die Wurzeln hineinreichen, indem der Zeichner sich noch im Wurzelraum gefangen erlebt. Der Wurzelbereich entspricht dem Astbereich. Beim Anblick eines solchen Baumes wird spürbar, wie der Ast - und Kronenbereich noch ans Licht wachsen muß.

Ob in Spielen, Phantasien oder projektiven Testverfahren, immer können Kinder und Jugendliche den Weg zurück in den prä- und perinatalen Erfahrungsraum gehen, zurück in paradiesische Vorstellungen, in jene "uroborische Einheitswirklichkeit", wie Erich Neumann es beschreibt. Das Paradies ist für sie das Symbol des Selbst, ein Mandala, Anfang und Ende des menschlichen Seins ist darin enthalten.

> "Im Paradies hielte ich es keine Saison aus, ja keinen Tag lang aus. Wie soll ich dann die Sehnsucht nach ihm erklären, die ich verspüre? Ich erkläre sie nicht, sie lebt in mir seit jeher, sie war in mir, bevor ich war".
>
> E.M. Cioran

Abbildung

„Autostrasse mit
Qualm vom Auto"

Stadtplan 1

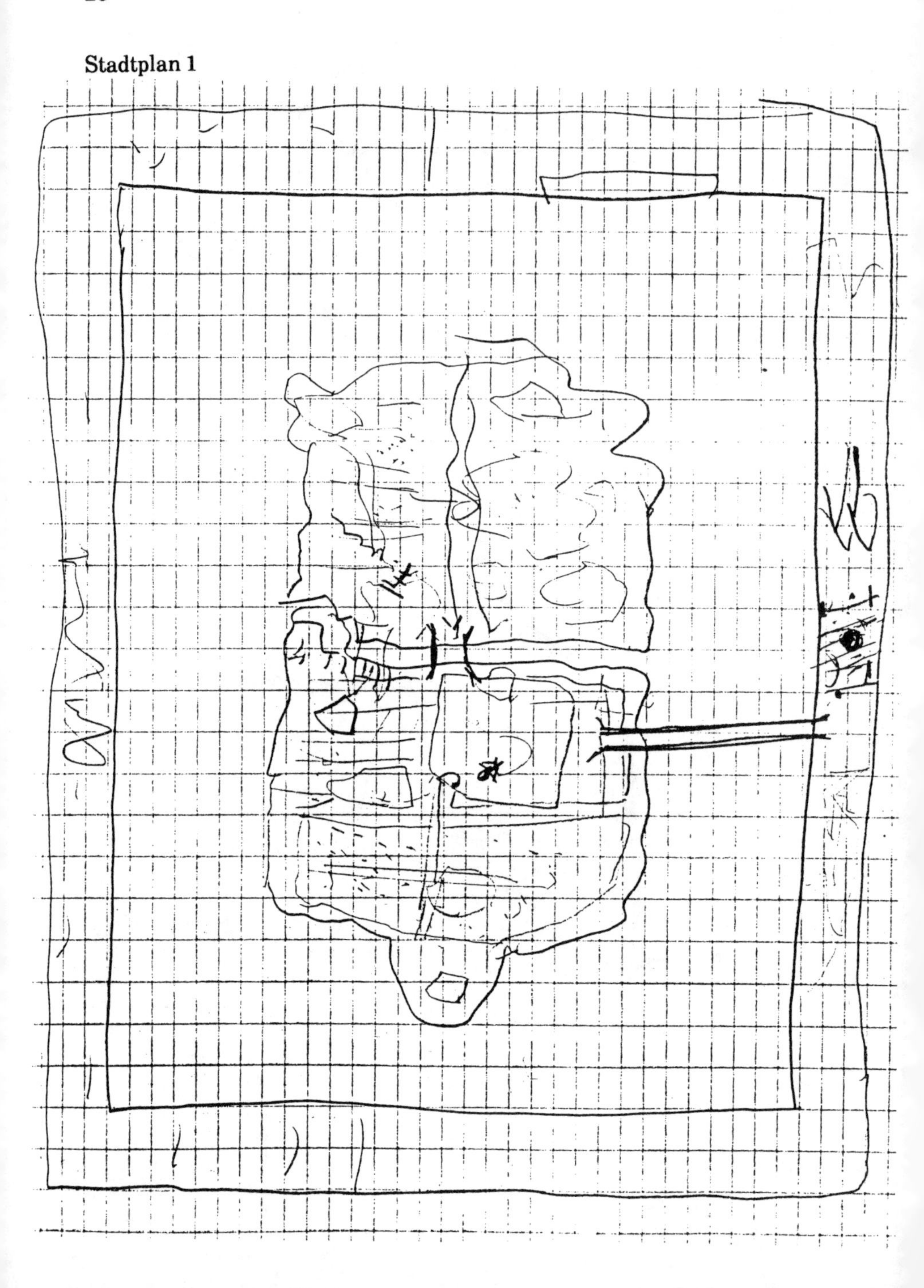

Stadtplan 2

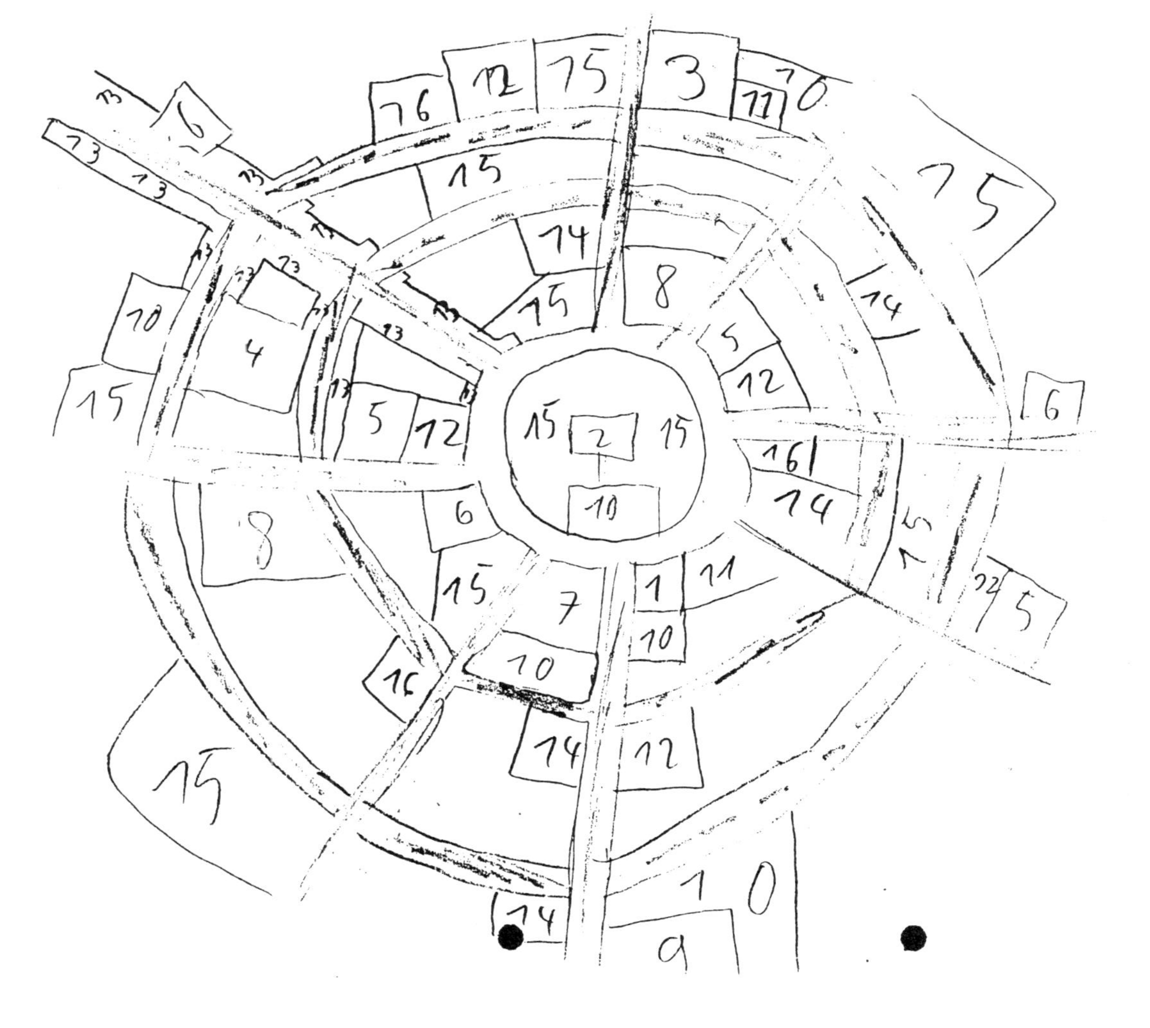

Stadtplan

1 Rathaus
2 Schloß
3 Gefängnis
4 Friedhof
5 Kaufhaus
6 Kirche
7 Krankenhaus
8 Schule
9 Bahnhof
10 Parkplatz
11 Polizeistation
12 Parkhaus
13 Geschäft
14 Kino
15 Grünanlage und Park
16 Bank

Rebirthing

Rüdiger Stellberg

Rebirthing ist entstanden durch ein Experiment - durchgeführt in den frühen 70er Jahren von Leonard Orr in den USA, einem Pionier der Bewußtseinsforschung, der zur Tradition der deutschen Psychologie und Psychoanalyse eigentlich überhaupt keinen Bezug hatte.
In einer Lebenskrise hatte er begonnen, Literatur über persönliches Wachstum zu lesen und gut für sich und seine Entspannung zu sorgen. Das entscheidende Experiment begann unfreiwillig, eher durch das Mißachten von Regeln: Bei einem Saunabesuch überschritt er die vorgeschriebenen 20 Minuten und fand sich nach etwa einer Stunde in einem merkwürdigen Bewußtseinszustand. Er vermutete zunächst, es hinge mit der Hitze oder mit der Feuchtigkeit zusammen, merkte dann aber bald, daß eine veränderte Atmung Ursache und Auslöser für sehr tiefe Erinnerungen waren: Die Bilder und Empfindungen, die ihm kamen, hatten so intensiv mit Geburt zu tun, daß er begann, das Experiment zu wiederholen - ganz im Stile des typischen neugierigen wissenschaftlichen Experimentators, ohne selbst Wissenschaftlicher zu sein übrigens.
So entwickelte er in den Monaten danach durch weitere Experimente in heißem Wasser und auf dem Trockenen die Rebirthing-Methode so wie wir sie heute kennen: eine Atemtherapie, die man entspannt auf einer Matratze liegend durchführen kann. Daneben gibt es immer noch den Rückbezug zum Element Wasser und zum Element Wärme, nämlich in den viel intensiveren Atemsitzungen in warmen Wasser - schwebend.
Rebirthing ist eine Wiederentdeckung: Wir wissen heute, daß das kreisförmige Atmen in verschiedenen alten Hochkulturen und spirituellen Disziplinen (etwa bei den Sufis) wegen seiner therapeutischen und bewußtseinsverändernden Wirkung schon immer eine Rolle gespielt hat. Erst im Laufe der letzten 10 Jahre wurde von Leonard Orr und seinen Schülern die Verbindung zu den Geburtstrauma-Konzepten der europäischen Psychologie hergestellt.
Bemerkenswert ist dabei, daß in den frühen siebziger Jahren das kreisförmige Atmen in verschiedenen Ländern gleichzeitig (wieder) entdeckt wurde, von Menschen, die die Wirkung dieser Atmung intuitiv herausfanden. Dabei wurde das Konzept des "Rebirthing" nach und nach erweitert: die Rebirthing-Atmung ruft oft Geburtserinnernungen hervor, jedoch nicht notwendigerweise. So ist Rebirthing heute eine eigene Körper- und Bewußtseinstherapie (eher als eine Geburtswiedererlebnistherapie): sie eröffnet die Möglichkeit, in einer Sequenz von 10-25 Sitzungen an verdrängtes und im Körper "weggespeichertes" Material heranzukommen, an die Emotionen, die im Körper festsitzen.
Das können intensive (unabgeschlossene) Geburtserlebnisse sein, das kann aber auch (und viellicht vorrangig) die Traurigkeit sein, die aus der letzten Beziehungskrise stammt, oder die Angst vor dem Vater aus der frühen Kindheit.

Dabei wird zunächst das an die Oberfläche kommen, was am dringendsten nach "Wiedererleben", nach Auflösung und Integration strebt.

Um sich vorstellen zu können, wie diese Art von Atmung beschaffen ist, ist folgende Übung hilfreich:
Setzen Sie sich bequem und entspannt hin, öffnen Sie den Mund und beginnen Sie entspannt und kreisförmig zugleich zu atmen, d.h. ohne Pausen und ohne Unterbrechungen. Stellen Sie sich darauf ein, etwas in Ihnen sanft in Bewegung zu bringen. Konzentrieren Sie sich auf ein bewußtes tiefes Einatmen (in den Brustkorb) und ein Loslassendes, "herausfallendes" Ausatmen. Wählen Sie dann einen mäßig schnellen kontinuierlichen Rhythmus und führen Sie so 20-40 Atemzüge aus - wobei Sie sich vornehmen, etwaige Reaktionen in Körper und Geist aufmerksam zu beobachten.
Sie werden dabei vermutlich einen ersten Kontakt zu Gefühlen Ihres perinatalen Erlebens herstellen - für eine komplette Sitzung wird allerdings der Unerfahrene in der Regel fachkundige Begleitung brauchen, um nicht "steckenzubleiben".
Alle die, denen es gelungen ist, 10-12 Sitzungen zu durchleben, werden dann allerdings auch in der Lage sein, sich selbst zu rebirthen. Nämlich genau dann, wenn sie die Notwendigkeit und Möglichkeit verspüren, mit einem Gefühlszustand (einer reaktivierten Emotion) intensiv zu "sein", um durch das bewußte Erleben dieses Zustandes (dieser Erinnerung) Aufschlüsse zu erhalten über die Gedanken/Programme, die diesen Zustand ursprünglich hervorgerufen haben und ihn immer wieder erneut produzieren.
Rebirthing ist so mehr als Therapie, nänlich eine Selbsterkundungs- und Selbsterkenntnistechnik für Menschen, die bereit sind, Selbstverantwortung für ihre Vergangenheit, für ihr Erleben des Lebens zu übernehmen.
Begleiter/Rebirthing-Therapeut kann nur der sein, der selbst einen intensiven Erfahrungsprozess hinter sich gebracht hat - seine Kompetenz ist direkt proportional zu der Vielfalt und Intensivität seiner eigenen Sitzungen: je mehr er intensive perinatale Erfahrungen (negativ wertend: Traumata) von Wut, Angst oder Schmerz erlebt hat und von der Möglichkeit weiß, sich darin zu entspannen, umso eher wird er in der Lage sein, anderen Menschen bei dergleichen beizustehen. Das hat damit zu tun, Menschen in ihre Urzustände zu begleiten, zu ihren Primärgefühlen.
Es wird dann interessant sein herauszufinden, inwiefern alle Gefühle, mit denen Menschen zu tun haben, in Verbindung stehen mit dem Perinatalbereich. So lassen sich Erkenntnisbrücken schlagen (oft "entstehen" sie im Geist des Klienten), zu dem, was sich im mental-kognitiven Bereich, im Bewußten und Unbewußten abspielt: zu den Gedankenmustern, die prägend geworden sind für das ganze Leben und im Geburtsmoment das erste Mal aktiviert werden.
Gedankenmuster wie "Ich muß mich immer anstrengen" oder als Gegenteil "Alles geschieht mit mir - in bin hilflos" sind die Grundprägungen einer jeden Persönlichkeit. An die Spannweite einer solchen Polarität heranzukommen,

und die Freiheit zu erlangen, in diesem Spannungsfeld frei zu wählen, ist für mich ein Ziel von Therapie. Dazu gehört die Bereitschaft anzuerkennen, daß wir für das, was wir geworden sind, selbst verantwortlich sind - auch wenn in uns die Tendenz wohnt, anderen (etwa den Eltern) dafür die Verantwortung (oder gar Schuld) geben zu wollen. Das schließt nicht aus, Gefühle und Urteile in Bezug auf andere Menschen in der therapeutischen Situation auszuleben oder auszudrücken, wird jedoch auf intensive Erklärung, Analyse und Interpretation weitgehend verzichten.

Rebirthing ist eine erlebnisorientierte Psychotherapie, anzusiedeln eher in einem Dreieck zwischen Psychotherapie, Selbsterfahrung und Meditation. Sehr oft geschieht Erkenntnis in Sitzungen spontan - als Einsicht: der Klient erkennt das, was mit ihm ein interpretierender Therapeut würde erarbeiten wollen.

Thesen zur Analytischen Gruppentherapie

Rolf-Arno WIRTZ

Schon allein die Angst, die Erregung, die Hoffnung, die Enttäuschung und die befriedigende Gemeinschaftsleistung, die von einer Gruppe ausgelöst und in einer Gruppe belebt werden kann, verweist auf die sehr frühe Gefühlsebene, die in einer Gruppe aktualisiert wird.

Hat sich die Wahrnehmung des Therapeuten erst einmal auf Zeugung, intrauterines Leben und Geburt als Bilder des Anfangs eingestellt, so ist das Ziel, die Gruppe zum Zeugen dieser frühen Zeit zu machen, in der jeder Einzelne seinen Anfang neu bedenkt.

Dieser Forderung gegenüber entwickelt sich der Widerstand der Gruppe nach dem Muster, in dem die Mutter den Vater ihrem Kind vermittelt hat, anders ausgedrückt, der Widerstand hat immer das Profil der Mutter.

1. Wir werden alle in eine Gruppe hineingeboren. Die ungestörte Zweier-Beziehung ist eine spätere Errungenschaft. An der Wiege des Kindes stehen die mütterlichen und väterlichen Familiengruppen und fördern oder behindern die Entwicklung des Kindes. Diese frühen Erlebnisse werden in uns durch eine Gruppe sofort aktualisiert. Die Gefühlslage, mit der sich die Welt dem Kind zuwandte, kehrt in jeder Begegnung mit einer Gruppe wieder.

2. Von Anbeginn des Lebens an haben wir die Wahl, uns auf unsere Umwelt einzulassen, oder uns zurückzuziehen in die uns prägende Eigenheit: So haben wir auch einer Gruppe gegenüber die Möglichkeit, deren Bewegung mitzumachen oder uns zu vereinzeln. Das Muster dieser Fähigkeit liegt in der Situation des Kindes im Bauch der Mutter: Ganz es selbst nimmt es doch unmittelbar teil an seiner Umwelt.

3. Die Gruppe repräsentiert die Mutter, sei es die Mutter, die fähig ist zur Anteilnahme am Geschehen im Kind, oder sei es die Mutter, die der Bedrängnis des Kindes gegenüber Kälte empfindet.

4. In und durch die Gruppe sucht der Einzelne die Situationen seines Anfangs auf, die ihn in seiner Entwicklung behindert haben: Wahrnehmbar werden diese Situationen durch erlebte Verletzungen: In der Tatsache, daß sich ein Einzelner durch eine Gruppe verletzen läßt, zeigt er, daß er willens ist, einen Entwicklungsstillstand zu beenden.

5. Knotenpunkte der Entwicklung scheinen zu schein:

- die Zeugung, mit der Gefahr des Nicht-Zueinanderpassens. Diese Gefahr wird in mannigfaltiger Weise der Gruppe gegenüber erlebt, sie bleibt sogar immer offen und ist letztlich der Motor der Gruppenentwicklung, die dahin geht, sich füreinander passender zu machen. Gegen den Grundmangel des Nicht-Zueinanderpassens setzt die Gruppe die Fähigkeit des Sich-Passend-Machen.

- das Einnisten der befruchteten Eizelle im Uterus: An dieses Erfahrungsmuster knüpfen sich alle Zweifel, die der Einzelne hegt, die für ihn richtige Umwelt gefunden zu haben. Und es knüpfen sich daran die Zweifel der Mutter, ob sie sich ergreifen lassen soll von einem ihr fremden Wesen. Das Einnisten zeigt sich im Dazugehören-Wollen. Das Dazugehören-Wollen setzt eine Entwicklungskrise in Gang. Die Suche nach der einen adäquaten Gruppe scheint eine lebenslange Aufgabe zu sein. Die Zeit von der Befruchtung bis zur Einnistung scheint eine Zeit des Glücks zu sein, in der Freiheit in der Geborgenheit erlebt wird.

- der intrauterin erlebte Coitus der Eltern: Zusammen mit dem Einnisten scheinen hier die Urmuster der Angst zu entstehen. Das Kind im Bauch der Mutter erlebt Enge und Bedrängnis, die dann mit dem Außen verbunden bleiben, wenn die Mutter nicht zu einer orgiastischen Erfahrung bereit ist. Die gruppische Erfahrung sucht dieses Muster: Aus Enge und Bedrängnis soll eine überfließende Gemeinschaftsleistung entstehen.

- die Einstellung, die die Mutter dem Vater gegenüber hat: Wirksam im Grundmangel, aber auch in der Bearbeitung des Widerstandes, insbesondere bedeutsam für die Entwicklung des Über-Ich, welches im Wesentlichen aus dem vereinigten Elternimago besteht.

- die Geburt als Modell einer Gemeinschaftsleistung in Schweiß, Blut und Tränen mit all ihren Störungen.

Wenn man das ödipale Gesetz so versteht, daß das Unvereinbare nicht getrennt werden soll, dann liegt darin die große Chance einer Gruppe: Daß jeder seine Eigenheit behalten und sich darüber hinaus als Teil einer Gruppe fühlen kann.

Methodische Zugangswege und Perspektiven in der prä- und perinatalen Psychologie und Medizin

Prä- und perinatale Aspekte in der Pädiatrie:

Eßstörungen in der frühen Kindheit.

Hans von Lüpke

Eßstörungen im frühen Kindesalter sind das tägliche Brot des Pädiaters. Ihre erschöpfende Bearbeitung würde eigene Symposien füllen. Hier soll nur ein begrenzter Beitrag geboten werden; ein Aspekt, der andere nicht ausschließt, aber ergänzt.

Es gibt eine Bereitschaft, Eßprobleme als Maßstab der Beziehung zu bewerten: das Kind, das zu viel ißt, ersetzt durch das Essen angeblich die Liebe, die ihm abgeht; ißt das Kind zu wenig, so drückt es damit seinen Protest, seine Ablehnung aus. Die Suche nach dem Schuldigen führt dann in die therapeutische Sackgasse. Dabei liegt gerade in der Arbeit mit Beziehungen die Chance, eine Schuldproblematik zu überwinden, wenn alle Beteiligten als aktive Partner in die Betrachtung einbezogen werden. Das wiederum wird umso schwieriger, je jünger die Kinder sind. Hier bietet die Erweiterung des Blickfeldes um die prä- und perinatale Dimension neue Möglichkeiten eines therapeutischen Zugangs. Damit geschieht nichts grundsätzlich neues, sondern nur die konsequente Anwendung des traditionellen Prinzips, bei der Interpretation von Störungen auf frühe Entwicklungsphasen zurückzugreifen und das Wechselspiel zwischen Vorgeschichte und aktuellen Themen zu analysieren.

Ein Beispiel soll dies deutlich machen.

Oskar, ein 6 Monate alter Säugling, hat von Anfang an Schwierigkeiten mit seiner Ernährung. Nach einem halben Jahr ist es schließlich so weit, daß er nur noch ca. 30 ml pro Mahlzeit trinkt und an Gewicht abnimmt. Die Eltern fühlen sich vor die Alternative gestellt, entweder mit Gewalt etwas in ihn hinein zu bringen oder ihm die Entscheidung über seine Nahrungsmenge um den Preis vitaler Gefährdung selbst zu überlassen. Ratlosigkeit und Sorge mischen sich bei ihnen mit zunehmendem Zorn auf ein Kind, das keinen eigenen Beitrag zum Überleben liefert, das dazu Angebotene auch dann noch ablehnt, sie also einem Übermaß an Verantwortung bei gleichzeitiger Unmöglichkeit, dieser Verantwortung gerecht zu werden, aussetzt. Dabei macht Oskar durchaus keinen kranken Eindruck. Seine Augen zeigen eher das Funkeln eines strahlenden Siegers. Das ändert sich allerdings schlagartig, sobald sich jemand mit der Flasche nähert, und wütender Protest bestimmt die Szene. Er vermittelt so den Eindruck, daß er durchaus trinken könnte, daß er es einfach nicht will.

Den Vater beherrscht vor allem die Ratlosigkeit über mögliche Ursachen für dieses Verhalten, nachdem organische Störungen, an denen er immer noch eine

Art Halt gesucht hatte, endgültig ausgeschlossen waren. Die Mutter empfindet diese gezielte Verweigerung geradezu als Bösartigkeit. Sie denkt sogar daran, Oskar zur Adoption freizugeben, während der Vater den Text für die Todesanzeige entwirft.

Ein Blick auf die Vorgeschichte zeigt, daß diese Nebeneinander von Vitalität und Todesnähe für Oskar keine neuen Themen sind. Nach vorzeitigem Blasensprung kommt er in der 37. Schwangerschaftswoche mit nur 1900 g, also als Früh- und Mangelgeborenes, durch eine Not-Sektio zur Welt. Der Arztbrief berichtet vom "silenten Monitor" und einem Kind "ohne Lebenszeichen" nach der Geburt. Nach 17 Tagen künstlicher Beatmung und Zeichen von Herz- und Hirnschädigung (einschließlich Krampfanfällen) durch den erlittenen Sauerstoffmangel bessert sich der Zustand und Oskar wird nach insgesamt sechswöchiger Behandlung aus der Klinik entlassen. Zuvor hatte es noch heftige Auseinandersetzungen zwischen Eltern und Krankenhauspersonal gegeben, als diese zeitweilig den Sinn einer weiteren Intensivbehandlung nicht mehr erkennen konnten, deren Beendigung verlangten und vom Krankenhaus mit Sorgerechtsentzug gedroht wurde.

Beim erneuten Gespräch ergibt sich im Kontext der aktuellen Probleme ein doppeltes Bild vom Kind. Oskar ist einmal ein Kind, das eigentlich schon tot war und durch die Intensivmaßnahmen der Klinik gewaltsam von seinem Weg abgebracht wurde. Der Zorn auf die Ärzte ist noch heute bei den Eltern lebendig. Dagegen steht ein anderes Bild, das von einem Kind, das nicht nur eine imponierende Zähigkeit bewiesen hat, sondern auch durch seinen Charme die Eltern bezaubert. Offenbar wirken sich diese diskrepanten Bilder auch auf das Verhalten von Oskar aus. Das zeigt sich beispielsweise daran, daß es durchaus schon einmal eine Zeit gegeben hat, in der Oskar ausgiebig und mit Genuß trinken konnte. Es war dies die Zeit der allgemeinen Beruhigung und eines zunehmenden Vertrauens der Eltern in eine doch letzten Endes gute Entwicklung. Ausgerechnet jetzt ergab eine Blutuntersuchung, daß bei der Phenobarbitalbehandlung, die in der Klink als Schutz gegen weitere Krampfanfälle begonnen worden war, die Dosis gesteigert werden mußte. Mit der Information darüber setzte die zu Beginn geschilderte dramatische Zuspitzung der Eßproblematik ein. Offensichtlich hatte das Bild vom vitalen Kind für kurze Zeit die Oberhand gewonnen um dann durch die erneute Enttäuschung ("das wahre Kind ist doch das mit dem Todeswunsch") umso radikaler ausgelöscht zu werden.

Auf diesem Stand der Überlegungen stellt sich die Frage nach dem weiteren Vorgehen. Da klar geworden ist, daß Oskar mit äußerster Empfindlichkeit darauf reagiert, welches Bild von ihm gerade vorherrscht, könnte sich die weitere Arbeit auf die Eltern konzentrieren, ihre Beziehung zum Kind und deren biographische, familiendynamische und partnerschaftliche Hintergründe aufdecken und bearbeiten.

Einem solchen Vorgehen sind in der aktuellen Situation von zwei Seiten her Grenzen gesetzt. Einmal ist die Mutter bereits in Psychotherapie, zum anderen besteht eine vitale Gefährdung des Kindes.

Ich mache daher den Versuch, das Kind als aktiven Mitgestalter der Beziehungsstruktur einzubeziehen. Dazu bedarf es vor allem einer Metapher, die das Verhalten des Kindes für die Eltern verständlich machen kann, ohne ihnen letzten Endes doch wieder eine Art von Schuld zuzuschieben. Ich interpretiere Oskars Nahrungsverweigerung als fötales Verhalten. Zwar trinkt der Fötus Fruchtwasser, doch dieses Trinken hat keine Funktion für seine eigene Ernährung, sondern lediglich für die Regulation der Fruchtwassermenge innerhalb der föto-plazentaren Einheit (wie die Entwicklung eines Hydramnion beim angeborenen Verschluß der Fötalen Speiseröhre zeigt). Auf dieser Stufe der Entwicklung ist Oskar - zumindest zeitweise -: es besteht für ihn keine vitale Not-Wendigkeit, den Mund zur Ernährung zu benutzen. Eine solche Nutzung erscheint ihm dann geradezu als ein Mißbrauch. Damit wird sein Problem auf dieser Ebene zu dem von Entwicklung, genauer gesagt: zu dem eines Pendelns zwischen regressiven und progressiven Bewegungen. Es ist damit nicht mehr dem Verdacht ausgesetzt, das Resultat von zu wenig Liebe oder gar Ablehnung zu sein. Oskar selbst muß seine Geburt vervollständigen.

Um Mißverständnissen vorzubeugen, sei darauf hingewiesen, daß ich diese Ebene als eine zusätzliche innerhalb des Beziehungsgeflechts sehe - etwa als ein "Netz" im Sinne von GIDONI (1989) - und nicht als eine dem psychodynamischen Konzept entgegengesetzte "Realität". Um diesen Zusammenhang noch zusätzlich zu betonen und gleichzeitig den angestauten Zorn der Eltern zu kanalisieren, greife ich die Bezeichnung "bösartig" auf, mit der die Mutter Oskar belegt hat. Ich versuche damit, Oskars Pfiffigkeit und Charme mit seiner Wut auslösenden sich verweigernden Bedürftigkeit wie auch seiner Zähigkeit und Stärke auf einen Nenner zu bringen.

Der weitere Verlauf kann nur noch kurz skizziert werden. Es wechseln jetzt Phasen, in denen Oskar mit "Behagen und Inbrunst" trinkt, mit weitgehender, aber doch nicht mehr radikaler Ablehnung. Die Gesamtverfassung spielt eine Rolle: günstig ist beispielsweise die Abfolge: Schlafen - langsames Aufwachen - etwas spielen - trinken. Von großem Einfluß bleibt weiterhin die Stimmung der Eltern. Sorgen um die Mutter der Mutter, bei der es nach einem Schlaganfall fraglich geworden ist, ob sie sich in Zukunft noch selber versorgen kann, lösen beispielsweise eine Krise aus. Das Thema "Versorgung" ist dabei sicher nicht zufällig im Mittelpunkt. Oskar nimmt jedoch langsam an Gewicht zu. Der Vater macht die Beobachtung, daß Oskar gelegentlich aus einer schwierigen Phase "durchtreten" und dann trinken kann, wenn er ihm leicht den Kopf festhält. Unter dem Aspekt der unvollständigen Geburt könnte dies bedeuten, daß er nun seine Kraft nicht nur als Zähigkeit, als Festhalten an einem Zustand um Durchzuhalten, zum Überleben, kennenlernt, sondern auch als Fähigkeit, Änderungen herbeizuführen, analog zu einer Geburt. Damit hätte er einen neuen, für seine Entwicklung wesentlichen Aspekt seiner eigenen Kompetenz erlebt. Auch die Eltern könnten ein Gefühl von Kompetenz - sowohl bei sich selbst wie bei ihrem Kind - entwickeln.

In der Folgezeit scheint sich ein solches Vertrauen in eigene Fähigkeiten tatsächlich bei allen Beteiligten zu entwickeln. Es wird zur Voraussetzung dafür, Oskar bei seiner auch in anderer Hinsicht nie gradlinig, sondern eher schleifenförmig verlaufenden Entwicklung zu begleiten: neue Entwicklungsschritte im motorischen wie im psychosozialen Bereich bilden sich heraus, verschwinden wieder, tauchen in anderem Kontext erneut auf.

Das undifferenzierte Strahlen wird abgelöst von ernster Mimik und Rückzug. Die Mutter beobachtet, daß dem Trinken gelegentlich Phasen vorangehen, in denen Oskar mit geschlossenen Augen und traurigem Gesicht Laute der Klage von sich gibt. Sie selbst hat dabei das schmerzliche Gefühl, er erinnere sich an seinen intrauterinen Hungerzustand. Im Kontext ihrer eigenen Trauerarbeit scheint das doppelte Bild vom Kind bei den Eltern nicht mehr einer Spaltung, sondern eher einer "doppelten Beschreibung" im Sinne BATESONs (1982), einem beidäugigen, stereoskopischen Sehen zu entsprechen, während Oskar die radikale psychosomatische Spaltung in eine konfliktfreie Psyche und einen die Konflikte ausagierenden Körper über die zunehmende Differenzierung seiner emotionalen Ausdrucksfähigkeit abbaut.

Mit einem Jahr hat Oskar zwar nur die Größe und das Gewicht eines Halbjährigen, die psychomotorische Entwicklung aber ist altersgemäß. Das Essen ist kein eigenständiges Thema mehr. Dazu ist zu bemerken, daß in der Regel Kinder mit derartigen Eßproblemen heute noch Monate unter Sondenernährung in Kliniken zubringen.

Auch wenn in unserem Beispiel die biologischen Fakten den Gedanken nahe legen, daß hier eine nachgeholte, zumindest vervollständigte Geburt abgelaufen ist, erschiene mir die ausschließliche Fixierung auf eine solche Interpretation nicht nur unvollständig, sondern auch falsch. Dramatische Ereignisse, seien sie biologischer oder biographischer Natur, üben einen verführerischen Sog aus, kurzschlüssige Beziehungen herzustellen. Nachdem SAMAROFF & CHANDLER (1975) das Kontinuum der aufeinander aufbauenden fördernden und belastenden Faktoren in ihrer Bedeutung für die Entwicklung dargestellt haben, ist es an der Zeit, auch in der prä- und perinetalen Betrachtung sich von der Suggestion einzelner Traumatisierungen wie etwa dem Geburtstrauma als der Erklärung für spätere Probleme zu befreien und den gesamten Kontext von der Pränatalzeit bis zur aktuellen Situation im Auge zu behalten (VON LÜBKE

1989). Man könnte Entwicklung insgesamt als eine Art kontinuierliche Geburt mit Pausen und krisenhaften Zuspitzungen (regressiven und progressiven Tendenzen) beschreiben. Dabei muß offen bleiben, ob die biologische Geburt tatsächlich das eigentlich dramatische Ereignis gewesen ist. In jedem Fall aber liefert die Geburt auf der Basis einer für alle vergleichbaren Erfahrung Metaphern, die letztlich unabhängig vom biologisch dokumentierten Geburtsverlauf den therapeutischen Handlungsspielraum erweitern. Mit diesen Metaphern könnten Entwicklungsprozesse eingeleitet, durch Krisen begleitet, abgelöst und schließlich der Autonomie überantwortet werden.

Das Beispiel zeigt gleichzeitig, daß Entwicklungsprozesse nicht gradlinig verlaufen, sondern über weite Strecken auch von rückläufigen, regressiven Tendenzen bestimmt werden können. Hier ergeben sich Koinzidenzen zwischen neueren deskriptiven und therapeutischen Modellen in der Entwicklungsrehabilitation (wie der "erratischen Spirale", GIDONI 1989) und Überlegungen im Bereich der prä- und perinatalen Psychologie (etwa dem Konzept der Schamanenreise bei JANUS 1989).

Wir sind noch am Anfang, ich möchte daher mit Fragen schließen:

- Wird auch von anderen beobachtet, daß die beschriebenen Eßprobleme für Früh- und Mangelgeborene typisch sind?

- Lassen sich auch für andere Eßstörungen (Verweigerung oder Übermaß, kontinuierliches Trinken an Brust oder Flasche, Schwierigkeiten mit fester Nahrung) prä- und perinatale Beziehungen herstellen - wovon ich überzeugt bin -?

Auch wenn all diese Überlegungen noch sehr unvollständig und in vielem sicher noch korrekturbedürftig sind, so ist doch zu befürchten, daß die weitere Entwicklung dazu zwingt, daß manches Kapitel in Pädiatrie und Kinderpsychotherapie neu geschrieben werden muß.

Literatur

Bateson, G.: Geist und Natur. Eine notwendige Einheit. Frankfurt/M. 1982

Gidoni, E.A.: Fetale Identität - eine Herausforderung an Entwicklungsmodelle. In: Voß, R. (Hrsg.): Das Recht des Kindes auf Eigensinn. Die Paradoxien von Störung und Gesundheit. München 1989

Janus, L.: Psychoanalyse der vorgeburtlichen Lebenszeit. Pfaffenweiler 1989 von Lüpke, H.: A contribution to methods in pre- and perinatal research presented by a case report. The International Journal of Prenatal and Perinatal Studies. Vol. 1, No. 1, 109-116 (1989)

Samaroff, A., Chandler, J.J.: Reproductive risk and the continuum of care taking casuality. In: Horowitz, F.D. et al. (ed.): Review of child development research, Vol. 4, 187-244, Chicago 1975

Die Erfahrung aus der Geburtsvorbereitung

Thomas Müller-Staffelstein

1. Zwischen Schwangerschaftsgymnastik und Integrativer Geburtsvorbereitung

Das Thema fordert dazu heraus, deutlich darauf zu verweisen, daß es hier in der Bundesrepublik keineswegs eine konzeptionell einheitliche Form der Geburtenvorbereitung gibt. Es existieren vielmehr in Struktur, Inhalt und Zielsetzung recht unterschiedliche Angebote, wobei gleiche Bezeichnungen nicht unbedingt auch gleiche Inhalte bedeuten, zugleich können sich hinter verschiedenen Etiketten durchaus sehr ähnliche Inhalte verbergen. Um die Breite dieses heterogenen Angebots zu verdeutlichen, will ich hier zwei sehr verschiedenartige Konzeptionen skizzieren, die in der Praxis auch in vielfältigen Modifikationen und Übergangsformen anzutreffen sind.
Die Schwangerschaftsgymnastik in ihrer traditionellen Form ist deutlich reduziert auf die körperliche Vorbereitung im Sinne eines Trainings zur Verbesserung der Geburtsleistung und des Geurtserlebnisses, womit ein gesundes, lebensfrisches Neugeborenes gemeint ist. Die Schwangerschaft selbst betreffende Inhalte sind ebenfalls stark körperbezogen, wie z.B. Haltung, Kreislauf, Venenprophylaxe, evtl. Ernährungshinweise. Entspannungs- und Atemübungen stehen in einem direkten funktionalen Zusammenhang mit der künftigen Geburts- und Wehenarbeit.
Emotionale und soziale Aspekte im Erleben von Schwangerschaft und Geburt finden in diesem Konzept keine Berücksichtigung, ebensowenig wie die Person des pränatalen Kindes und die Beziehung zwischen ihm und seiner Mutter. Eine Einbeziehung des Vaters ist nicht vorgesehen. Es wird davon ausgegangen, daß ein bestimmtes Übungs-Setting für alle Schwangeren gleichermaßen angemessen ist.
Kennzeichnend für die Struktur dieser Angebote ist die "offene Gruppe" mit ständig wechselnder Gruppenzusammensetzung, überwiegend Einweg-Kommunikation, wenig Interaktion zwischen den Kursteilnehmerinnen. Eine vertrauensvolle, Geborgenheit vermittelnde Gruppenathmosphäre kann unter diesen Bedingungen nicht entstehen.
Die wachsende Unzufriedenheit vieler betroffener Frauen mit den damals vorherrschenden Angeboten zur Geburtsvorbereitung war eines der Motive für die Entwicklung der Konzeption einer integrativen Geburtsvorbereitung, die vor etwa zehn Jahren begann. Vor allem Frauen waren es auch, die damals zahlreiche Veränderungen in der Geburtshilfe forderten. Als Stichworte seien hier "Humanisierung" mehr Einflußnahme, Autonomie und Respektierung individueller Bedürfnisse, variable Gebärpositionen, "Vater bei der Geburt",

"Rooming-in" und Unterstützung bei der Entwicklung der Stillbeziehung genannt.
Diese Bewegung fand ihren Ausdruck auch in der 1980 erfolgten Gründung der "Gesellschaft für Geburtsvorbereitung e.V." (GfG).
Zentrale Punkte der innerhalb der GfG erarbeiteten Konzeption für geburtsvorbereitende Angebote sehe ich in der Erweiterung der Kursinhalte um emotionale, kognitive/informative und soziale Aspekte und deren integrativer Verknüpfung innerhalb des Gruppengeschehens, in der Zentrierung der Körperarbeit auf Angebote zu einer vertieften Wahrnehmung und Erfahrung der eigenen Leiblichkeit im Sinne einer Stärkung in das Vertrauen in die eigenen Fähigkeiten und Kräfte, in der Unterstützung von individuellen Bewältigungsstrategien für die unbestimmte Geburtserfahrung, in der expliziten, kontinuierlichen Einbeziehung des Partners im Rahmen von Paar-Kursen.
Ein wesentliches Strukturmerkmal ist die geschlossene Gruppe mit einer konstanten Leitung. Erst dieser Rahmen bietet die Voraussetzung für das Entstehen einer vertrauensvoll-offenen Athmosphäre, in der das unterstützende, entlastende und kreative Potential einer Gruppe wirksam werden kann.
Das Thema der pränatalen Entwicklung des Kindes und seiner Beziehung zu Mutter und Vater wurde schon damals in die inhaltliche Konzeption aufgenommen, z.B. in Form von Information über den jeweiligen Entwicklungsstand des Kindes, über seine wachsende Wahrnehmungsfähigkeit u.a.m., oder auch im Angebot von Phantasiereisen der Eltern hin zu ihrem Kind im Mutterleib.
Die Zielsetzung dieser Kursangebote war zumindest in den ersten Jahren noch deutlich auf die Geburt hin ausgerichtet, was sich auch in der Wortwahl widerspiegelt: "Gesellschaft für Geburtsvorbereitung", "Geburtsvorbereitungskurs", "Geburtsvorbereiterin". Dabei wurde nicht nur ein positives Geburts-Ergebnis, sondern zusätzlich ein befriedigendes Geburts-Ergebnis für die Gebärende und u.U. ihren Partner angestrebt, in Verbindung mit einem bestmöglichen Eingehen auf die Bedürfnisse des neugeborenen Kindes.
Diese Zentrierung auf das Geburtsereignis wurde auch unterstützt durch das Bekanntwerden einer Vielzahl neuer, beeindruckender Erkenntnisse der perinatalen Forschung hinsichtlich der Fähigkeiten und Bedürfnisse des Kindes während und nach seiner Geburt, sowie über die weitreichende Bedeutung des Geburtserlebens für seine weitere Entwicklung in ihrer somatischen, psychischen und sozialen Gestalt.

2. Das Potential primärer Prävention in der Schwangerschaft

Es war nicht zuletzt der Internationale Kongreß der ISPPM (damals noch ISPP) in Badgastein, der vor drei Jahren mit der Formulierung seines zentralen Themas den Gedanken der Prävention in den Vordergrund rückte. Auf die Zeit der Schwangerschaft bezogen, kommt dem Aspekt der Prävention gerade während dieser Zeit ein besonders Gewicht zu, wenn wir folgendes berücksichtigen:

Zahlreiche Befunde der prä- und perinatalen Forschung weisen auf die kontinuierlichen, vielschichtigen, zum Teil auch gestaltenden Interaktionsprozesse hin, die während der Schwangerschaft zwischen dem ungeborenen Kind und seiner Mutter stattfinden, wobei die Mutter wiederum in einem ständigen Austausch mit ihrer spezifischen sozialen und ökologischen Umwelt steht. So gesehen, gehe ich inzwischen davon aus, daß alles, was eine Schwangere erfährt, was ihr widerführt und wie sie dieses erlebt, sich direkt oder moderiert und modifiziert ihrem ungeborenen Kind mitteilt. Gleichzeitig bildet die Qualität dieser Interaktionsprozesse in Abhängigkeit von den genetischen Rahmenbedingungen jeweils die Grundlage für die gesamte weitere Entwicklung des Menschen. Dabei ist zu berücksichtigen, daß entsprechend des zeitlichen Ablaufs spzifische Phasen mit hoher Sensibilität auftreten; dies gilt nicht nur für die inneren Organe, die Sinnesorgane und das Zentralnervensystem, sondern auch z.B. für das endokrine Steuer- und Regelsystem mit seinen hypothalamisch-hypophysären Koordinationszentren, für das Immunsystem und vermutlich auch für solche Strukturen, die psychosoziale Adaptationsprozesse wie z.B. das perinantale Bonding ermöglichen. Die Summe dieser pränatalen Einflüsse und Erfahrungen ist sicher auch einer der Faktoren, die Zeitpunkt, Ablauf und Erleben der Geburt mitbestimmen.
Die Verknüpfung dieser Gedanken führt mich zu der Sichtweise, daß mir in der Begegnung mit einer schwangeren Frau immer auch ihr Kind gegenübertritt, sozusagen Alpha und Omega gleichzeitig errreichbar sind, und daß dieses Kind in kontinuierlicher Interaktion mit seiner Mutter-Umwelt die Grundlagen seiner weiteren Entwicklung schafft. Hierin gründet meine Überzeugung, daß in der Zeit der Schwangerschaft die besten Chancen einer tatsächlich primären Prävention bestehen!
Begünstigt wird dieser Ansatz dadurch, daß meines Erachtens die Gruppe der "Werdenden Eltern" im Vergleich zu Erwachsenen allgemein eine überdurchschnittliche Aufgeschlossenheit zeigt und leicht zu motivieren ist, Neues zu erfahren, bisher gültige Rollenmuster und Gewohnheiten zu überdenken, z.B. auch den Umgang mit dem eigenen Körper, mit Lust und Schmerz und anderen Körpersignalen, den Umgang mit Medikamenten. Die Schwangerschaft regt gleichfalls dazu an, eigene Positionen, z.B. hinsichtlich Autonomie und Abhängigkeit, Sicherheit, Risiko und Verantwortung, Kontrolle und Vertrauen, zu prüfen und vielleicht neu zu bestimmen.
Mit dieser sicher unvollständigen Darstellung möchte ich deutlich werden lassen, daß sich dieser präventive Ansatz nicht nur auf die weitere Entwicklung des Kindes bezieht, sondern auch eine Komponente aufweist, welche die Schwangere selbst sowie den werdenden Vater betrifft, verstanden als Chance einer ganzheitlichen Gesundheitsbildung, deren Wirkung sich weit über den Zeitpunkt der Geburt hinaus entfalten kann.
Die Einbeziehung des Mannes z.B. zielt nicht nur auf seine Rolle bei der Geburt ab: Indem sich ihm in der vorgeburtlichen Begleitung u.a. neue Wege zu nicht-leistungsorientierten Erfahrungen mit seiner Leiblichkeit eröffnen, Wege, sei-

ne emotionale Verbundenheit mit seinem Kind zu stärken, indem er vielfältige Möglichkeiten nonverbaler, körperbezogener Kommunikation erlebt, schafft er nicht nur die Grundlagen für eine tragfähige und lebendige Vater-Kind-Beziehung, sondern erfährt auch wichtige Impulse für die weitere Ausgestaltung seiner sexuellen Interaktionsformen. Dies erleichert oft den Umgang mit Veränderungen, Belastungen oder Krisen, denen die sexuelle Beziehung gegen Ende der Schwangerschaft und besonders während der Säuglingszeit unterworfen sein kann.

Auf dem Hintergrund und in Ergänzung der hier entwickelten Leitgedanken lassen sich eine Reihe von Aufgaben ableiten, denen sich schwangerschaftsbegleitend-geburtsvorbereitende Angebote stellen sollten. Die folgende Übersicht erhebt keinen Anspruch auf Vollständigkeit:

Förderung bzw. Unterstützung..

- in der Wahrnehmung und Artikulation eigener Bedürfnisse

- des Rechts auf individuelles Erleben und Empfinden

- in der Äußerung eigener Gefühle, auch wenn sie verwirrt, ambivalent, negativ oder unangemessen erscheinen

- bei der Bewältigung notwendiger Anpassungsprozesse

- größerer Sicherheit im Umgang mit Angst und Schmerz, mit Festhalten und Loslassen, Selbstkontrolle und Hingabe

- bei der Erweiterung bzw. Umgestaltung des Körperschemas (z.B. durch Angebote zur Verbesserung der Wahrnehmung des eigenen Körpers, insbesondere der Tiefensensibilität; durch Phantasiereisen, Malen, Plastizieren,..)

- des Vertrauens in die eigenen Fähigkeiten und Kräfte

- der pränatalen Kommunikation zwischen Mutter, Vater und ihrem Kind in ihren unterschiedlichen Formen (z.B. motorisch-kinästhetisch, taktil, auditiv, verbal, mental)

- der perintalen Bonding-Prozesse, u.a. durch Information über den jeweiligen Entwicklungsstand des Kindes, seine Fähigkeiten, seine Wahrnehmungswelt, durch Phantasiereisen zum Kind, durch Unterstützung taktil-motorischer Kontaktaufnahme (Massagen, Haptonomie,..), durch Information über die wichtigsten Bedürfnisse des Kindes unter der Geburt und als "Neugeborenes", sowie über unterstützende Möglichkeiten zur Entwicklung einer befriedigenden Stillbeziehung

- der Ausbildung einer realistischen Erwartungshaltung und eines angemessenen Ich-Ideals hinsichtlich der Selbst- und Fremdansprüche an die Rolle einer "guten" Mutter

Oft erscheint es auch notwendig, die Schwangeren (und ihre Partner) von unrealistischen, überfordernden Ansprüchen und Erwartungen an die eigene Person zu entlasten, ebenso wie von den weit verbreiteten Ängsten, dem Kind nicht die besten Startbedingungen bieten zu können, weil Schwangerschaft und Geburt nicht perfekt verlaufen. Diesen Vorstellungen und dem bedrückenden Gefühl, für alles, was das Kind betrifft, verantwortlich zu sein, sowie der häufig daraus resultierenden Bereitschaft, alle Verantwortung für sich und das Kind an die Fachleute abzugeben, sollte eine differenzierende Sichtweise gegenüber gestellt werden:
Ergänzend zur Erkenntis eigener Kräfte und Einflußmöglichkeiten sind dabei Informationen über die Potenzen des Kindes, seine Eigenständigkeit, Lern- und Anpassungsbereitschaft, seine Mitwirkung bei der Vorbereitung auf die Geburt und seine aktive Mitarbeit während der Geburt ebenso wichtig wie Hinweise auf das Einbezogensein der Mutter in ihr spezifisches soziales und ökologisches Umfeld, das sie nur bedingt kontrollieren und beeinflussen kann, das gleichwohl mitverantwortlich ist für ihr Wohlergehen und dasjenige ihres Kindes. In diesem Spannungsfeld zwischen Autonomie und Abhängigkeit, Selbst- und Fremdbestimmung, Selbst- und Fremdverantwortung, zwischen Ideal und Wirklichkeit, beschreibt der folgende Wunsch in überzeugender Form Weg und Ziel:
"Gott gebe mir den Mut, Dinge zu ändern, die ich ändern kann, die Gelassenheit, Dinge hinzunehmen, die ich nicht ändern kann,und die Weisheit, das Eine vom Anderen zu unterscheiden!"
(Friedrich Christoph Oetinger, 1702-1782)

3. Veränderte Perspektiven - zentraler Bedeutungswandel

Indem wir das präventive Potential in der Arbeit mit Schwangeren anerkennen, ergeben sich wesentliche Veränderungen hinsichtlich der Perspektiven in der Geburtsvorbereitung; Veränderungen, die auch zu der Frage führen, ob das Etikett "Geburtsvorbereitung" nicht durch einen neuen Begriff ersetzt werden sollte, denn ich sehe einen wesentlichen Wandel darin, daß die ursprüngliche Fokussierung auf das punktuelle Geburtsgeschehen einer Sichweise Platz macht, die sich auf die dynamische Kontinuität der prä, peri- und postnatalen Entwicklung einstellt. Die damit einhergehende Erweiterung der Zeitperspektive führt zu einer Aufhebung der zeitlichen Begrenzung unterstützender Angebote auf das letzte Schwangerschaftsdrittel.

In Betracht kommen nun begleitenden Angebotsformen, die bereits in der frühen Schwangerschaft beginnen können und nicht mit der Geburt enden, sondern gerade die oft kritischen ersten Wochen und Monate nach der Geburt einbeziehen.
Die zweite Veränderung betrifft die Zielsetzung und das Selbstverständnis: Schwangerschaftsbegleitend-geburtsvorbereitende Angebote mit der hier dargestellten erweiterten Perspektive erlangen ihren Sinn und ihre Berechtigung nicht mehr allein durch ihre Effektivität in bezug auf das Geburtsgeschehen; ihnen kommt vielmehr eine eigenständige Bedeutung zu, die aus ihrer gegenwärtigen Unterstützung der Schwangeren mit ihrem Kind resultiert, welche gleichzeitig im Sinne primärer Prävention Einfluß auf die künftige Entwicklung des Kindes nimmt und darüberhinaus gesundheitsfördernde Impulse zu geben vermag.
Die hier beschriebene Änderung der Perspektive trägt auch dazu bei, einer Überschätzung der Bedeutung der Geburt für die weitere Entwicklung des Kindes und einer damit oft verbundenen Überfrachtung des Geburtsgeschehens mit zahlreichen, einengenden Erwartungen und Befürchtungen entgegenzuwirken: Sie unterstreicht, daß Geburt als ein integrierender Bestandteil des gesamten Kontinuums der prä-, peri- und postnatalen Entwicklung verstanden wird. Nur in diesem Kontext ist es möglich, die individuelle Bedeutung der Geburt angemessen einzuschätzen.
Diese Überlegung bilanzierend, drängt sich einmal mehr die Frage auf, mit welchem Begriff ein solches Angebot zutreffend bezeichnet werden kann, das den bislang üblichen Rahmen der "Geburts-Vorbereitung" sprengt. Da ich noch keine überzeugende Antwort gefunden habe, beschreibe ich meine Zielvorstellung zusammenfassend folgendermaßen: Mir erscheint es sinnvoll und notwendig, die geburtsvorbereitenden Angebote weiterzuentwickeln zu einer "schwangerschaftsbegleitend-geburts- und elternschaftsvorbereitenden" Angebotsform, deren Konzeption

- o den integrativen Ansatz der eingangs beschriebenen "Integrativen Geburtsvorbereitung" sowie die darin enthaltenen Grundprinzipien beibehält
- o die in Abschnitt 2 dargestellten Möglichkeiten der primären Prävention weitgehend ausschöpft und ebenso
- o die Chancen der Vermittlung gesundheitsfördernder Inhalte an die werdenden Eltern nutzt
- o sich auch auf die frühe und mittlere Schwangerschaft bezieht (nicht-geleistete Unterstützung/Information/Begleitung in dieser Zeit kann besonders schwerwiegende und weitreichende Folgen haben)
- o spezifisch geburtsvorbereitende Elemente organisch integriert
- o die erste Zeit nach der Geburt durch das Aufgreifen von Themen wie "Umgang mit dem Neugeborenen", "Geburt der Familie", "Entwicklung der Stillbeziehung" einbezieht

- o ggf. eine Fortsetzung als Begleitung der "jungen Familie" vorbereitet und realisiert.

4. Praktische Perspektiven

Abschließend will ich einige Aspekte erörtern, die mit der Frage nach der Umsetzung dieses erweiterten Ansatzes in die Praxis verknüpft sind.
Nach meiner Einschätzung haben Themen der pränatalen Entwicklung am ehesten Eingang in die Inhalte geburtsvorbereitender Angebote gefunden, sofern diese überhaupt über die Bereiche der Körperarbeit (Gymnastik, Entspannung, Atmung) hinausgehen. Die Einbeziehung des pränatalen Kindes im Sinne einer zunehmend dialogfähigen Person in die Gestaltung der Angebote scheint bereits schwieriger zu sein. Möglicherweise liegt das u.a. daran, daß viele Aus- und Weiterbildungsangebote diesen Bereich noch nicht ausreichend berücksichtigen. Eine recht gute Basis für den Austausch von Erfahrungen und Erkenntnissen besteht immerhin schon in der Zusammenarbeit von ISPPM und GfG, die auch in zahlreichen Doppelmitgliedschaften ihren Ausdruck findet. Eine ähnliche Entwicklung bahnt sich in der Kooperation zwischen der ISPPM und den Hebammen an, wobei ich ein besonderes Interessse bei den freiberuflichen Hebammen und bei den Hebammenschülerinnen beobachte.
Die Bereitschaft von geburtsvorbereitenden Krankengymnastinnen und anderen, nicht organisierten Anbieterinnen von Geburtsvorbereitungskursen, sich diesem Thema zuzuwenden, vermag ich nicht einzuschätzen; zwischen diesem Personenkreis und der ISPPM bestehen bislang nur wenige Kontakte.
Hinsichtlich der Erweiterung der Perspektive läßt sich zumindest für die Angebote der GfG-Geburtsvorbereiterinnen und zahlreicher, zumeist freiberuflich tätiger Hebammen feststellen, daß hier in den letzten Jahren bereits eine Entwicklung eingesetzt hat, weitere Themen wie z.B. (Vollwert-) Ernährung, Allergien, Umgang mit Behinderung, Tod und Trauer, Eltern-Rollen, Sexualität, Stillen, Umgang mit dem Neugeborenen, je nach den spezifischen Bedürfnissen der Gruppe aufzugreifen, sofern entsprechende Kompetenzen bei der Kursleitung vorhanden oder in einem ergänzenden Angebot verfügbar sind. Insofern verringert sich die Fokussierung auf das Geburtsthema, erwächst aus der Einsicht in die Kontinuität der Entwicklung über den Zeitpunkt der Geburt hinaus zunehmend gestaltende Kraft. Mindestens ein Nachtreffen zusammen mit den Säuglingen ist üblich geworden; mit weiterführenden Angeboten wie Baby-Treff, Stillgruppe, Vätergruppe, Gruppen nach Sectio, nach einer Frühgeburt oder nach Verlust des Kindes, für Alleinerziehende, für Themen wie Rückbildung oder Baby-Massage wird experimentiert. Teilweise finden sich dementsprechend auch veränderte Krusbezeichnungen, z.B. "Schwangerschaft-Geburt-Elternschaft", "Vorbereitung auf Geburt und Elternschaft", "Wir erwarten ein Kind", "Eltern werden - Eltern sein".

Allerdings stößt eine solche Erweiterung auch bei vorhandener Bereitschaft auf seiten der Nachfragenden und der Anbietenden rasch an Hindernisse, die vor allem in der Fortschreibung herkömmlicher Zeit- und Finanzstrukturen zu sehen sind. So orientieren sich viele Träger geburtsvorbereitender Angebote an den Vorgaben der Krankenkassen, die zumeist noch auf dem Konzept der Schwangerschaftsgymnastik besieren. Sie begrenzen den zeitlichen Umfang in der Regel auf 2 x 6 Stunden, empfehlen eine Teilnahme frühestens ab der 24. SSW und erstatten pro Person z.Zt. bis zu 108,- DM (Hebammengebührenverordnung); die Kosten für einen kontinuierlich an einem Paarkurs teilnehmenden Partner werden nicht erstattet. Damit ist weder die Finanzierung eines solchen Kurses für Paare, noch eines weiterführenden Angebotes nach der Geburt, noch einer tatsächlich schwangerschaftsbegleitenden Angebotsform mit bis zu 20 Doppelstunden Umfang ohne erhebliche Eigenbeteiligung gewährleistet. So bleiben die besten Chancen einer umfassenden primären Prävention bislang weitgehend ungenutzt.
Ein weiteres Problem scheint mir auch darin zu liegen, daß ein Kostenträger sich nur selten für solche Aufgaben zuständig fühlt, deren ganzheitlicher Lösungsansatz nicht eindeutig in die noch immer eher medizinisch-somatisch orientierten Strukturen unseres Gesundheitswesens eingefügt werden kann, sondern z.B. auch Komponenten psycho-sozialer Erwachsenenbildung aufweist. Vorbeugende, gesundheitsfördernde Aufgaben sind hiervon besonders betroffen.
Bezüglich der Qualifikation derjenigen, die Gruppen im Sinne der hier vorgestellten, erweiterten Konzeption leiten, bedürfen noch einige Fragen einer weiteren Klärung:
Inwieweit kann z.B. erwartet werden, daß sich die dafür notwendige mehrdimensionale Qualifikation (Körperarbeit, Medizin, Psychologie, Gesundheitsbildung, Gruppenpädagogik, ...?) in einer Person integrativ zu entwickeln vermag? Welche Curricula müßten hierzu von welchen Institutionen entwickelt und ageboten werden? Oder erscheint eine Team-Konzeption vorteilhafter, in der mehrere Fachkräfte mit ihren spezifischen Kompetenzen ein sich ergänzendes Angebots-Mosaik gestalten? Wenn Kurse für Paare angeboten werden, sollen dann nicht auch männliche Co-Leiter solche Gruppen begleiten?
Es ist mir wichtig darauf hinzuweisen, daß bereits einige Initiativen und Einrichtungen existieren, die interessante und ermutigende Beispiele dafür bieten, in welchen Formen die Umsetzung der hier dargestellten Zielvorstellungen in die Praxis, zumindest teilweise, realisiert werden kann. Die dort gesammelten Erfahrungen sollten auch für die Beantwortung der aufgeworfenen Fragen mitgenutzt werden. Ausführliche Informationen über die Arbeit dieser Intitiativen sind über die GfG erhältlich, die in diesem Bereich eine koordinierende Funktion übernommen hat.

Ich erhoffe mir eine breite, möglichst auch interdisziplinär geführte Diskussion über die fundamentale präventive und gesundheitsfördernde Bedeutung

schwangerschaftsbegleitend-geburts- und elternschaftsvorbereitender Angebote sowie über die Fragen ihrer Realisation.
Zusätzlich halte ich es in diesem Zusammenhang für notwendig, eine aussagekräftige quantitative Bestandsaufnahme der Angebote im Bereich der Schwangerschaftsvorsorge, der Schwangerschaftsbegleitung, Geburtsvorbereitung und Vorbereitung auf die Elternschaft sowie in der Zeit der ersten zwei Lebensjahre durchzuführen. Die praktische Anwendung erweiterter Konzepte im Sinne primärer Prävention und Gesundheitsförderung sollte in verschiedenen Initiativen und Institutionen modellhaft erprobt, wissenschaftlich begleitet und in ihren Auswirkungen empirisch überprüft werden.

Weiterführende Literatur

Ergänzend zu den bekannten Standardwerken der ISPPM möchte ich auf folgende Arbeiten und Veröffentlichungen hinweisen:

Zaunmüller, A., Lenze, M.: "Formen und Kritik der Geburtsvorbereitung", Dipl.-Arbeit an der RWTH Aachen, Fak. VIII, Allgem. Pädagogik; 1982

Schamper-Flegelskamp, A.: "Schwangerschaftserleben unter besonderer Berücksichtigung der emotionalen Berücksichtigung zum werdenden Kind", Dipl.-Arbeit an der RFWU Bonn, Psychologie; 1987

Gauda, G.: "Der Übergang zur Elternschaft. Eine qualitative Analyse der Entwicklung der Mutter- und Vateridentität", Inauguraldiss. am FB Psychologie der Univ. Osnabrück; 1988

Wilberg, G./Hujber, K.: "Ganz bei mir - Impulse für Geburtsvorbereitung und Geburtshilfe", Selbstverlag, 1987

Nickel, H., Bartoszyk, J., Wenzel, H.: "Eltern-Kind-Beziehung im ersten Lebensjahr: Der Einfluß von Vorbereitungskursen auf das Verhalten des Vaters und seine Bedeutung für die Entwicklung des Kindes. Erster Bericht über eine Längsschnittuntersuchung". Reihe "Forschungsberichte" der Univ. Düsseldorf, Institut für Entwicklungs- und Sozialpsychologie, Abt. Entw.- u. Erziehungspsychologie; 1986

RUNDBRIEFE der GfG u.a.

"Geburtsvorbereitung mit alleinstehenden Frauen" (1/88)

"Geburtsvorbereitungszentren, Beratungsstellen und Geburtshäuser" (2/88)

"Der Umgang mit Tod und Trauer in der Arbeit mit werdenden und verwaisten Eltern" (4/88)

"Geburtsvorbereitende Modelle und Einrichtungen" (1/89)

"Umgang mit Krankheit und Behinderung während der Schwangerschaft und frühen Kindheit" (2/89)

"Geburt und Gebutrtsvorbereitung im Ausland" (3/89)

sowie

"Aus- und Weiterbidung in Geburtsvorbereitung"

zu beziehen über die

Geschäftsstelle der GfG, Dellestraße 5, 4000 Düsseldorf 12, Tel. 0211/252607

Weitere Adressen von Initiativen im Bereih der Schwangerschaftsbegleitung/Geburtsvorbereitung etc. finden sich in den GfG-Rundbriefen 2/88, 1-3/89

ISPPM-Sekretariat:
Alte Landstraße 1, 7909 Dornstadt; Tel. 07348/22922

Psychoanalytische Perspektiven zur Endopsyche des embryonal-foetalen Lebens-Zeit-Raums als Kernelement des Unbewußten

Norbert Trentmann

Obwohl noch nicht etabliert, hat die pränatale Psychologie inzwischen durch Einführung vielfältiger Aspekte (Fedor Freybergh 1987) einen respektablen Umfang angenommen (Janus 1989). Auf der Suche nach den frühesten Kernelementen des Unbewußten soll es in dieser Betrachtung um primordiale Zustände des Psychischen aus dem Blickwinkel eines Psychoanalytikers gehen.

Dazu mag es hilfreich sein, den pränatalen Raum in drei Bereiche aufzugliedern.

Der vertrauteste und am besten dokumentierte Bereich der pränatalen Psychologie ist wohl der um die Geburt und wenige Wochen davor.

Von Interesse ist hier nachzuweisen, daß aus dem Geburtserleben bzw. aus dem unmittelbaren Erleben der Außenwelt intrauterin, später in Träumen, Körpererlebnissen und psychischen Engrammen Erinnerungsreste nicht nur aus der Zeit postnatal, sondern auch aus dem Geburtserleben und der unmittelbaren Zeit davor existieren (Kruse 1969).

In einem zweiten Bereich gehen ein die Reaktionen des Feten auf das 'milieu interne' der Mutter, das seinerseits durch biologische, psychische und soziale Faktoren beeinflußt wird und in vielfältiger Weise das Wachstum des Feten positiv wie negativ beeinflussen kann (Rottmann 1974).

Bei beiden Bereichen handelt es sich um Reaktionen einerseits auf die Außenwelt, andererseits auf die Innnenwelt der Mutter, die ihrerseits natürlich durch die Außenwelt beeinflußt wird. Der Zeitraum, um den es hier gehen soll, liegt vor jeder Reaktion des Embryos oder Feten auf die jeweilige Umgebung. Die zentrale Aussage dieser Betrachtung soll also lauten:

Es existiert ein eigenständiges, primär narzißtisches biopsychisches Leben von Zeugung an, offensichtlich gebunden und eingewoben in die genetische Information, gekoppelt an die Keimzellen, die sich im Zeugungsakt mit ihrem väterlichen und mütterlichen Anteil in einer neuen Mischung als neues Drittes darstellen.

Es handelt sich um ein psychisches Innenleben, genauer gesagt eine Innenschau in zweidimensionalen Bildern, wie der argentinische Psychoanalytiker

Rascovsky (1978) mit seiner Arbeitsgruppe schon in den 50er Jahren aufgezeigt hat.

Als Datenbasis dienten hier sehr lange psychoanalytische Behandlungen nach kleinianischem Muster, die nach Überwindung des Geburtstraumas in regressive Zustände jenseits der paranoid-schizoiden Position führten.

Inhaltlich kann man einen Vergleich ziehen mit der Instinktentwicklung in der Tierreihe, so daß man mit Jung (1934) sagen könnte, es handle sich u.a. um eine Innenansicht der Instinkte.

Wenn man dem Ganzen einen Sinn unterlegen wollte, könnte man sagen, es kann einen Selektionsvorteil bei der Evolution bedeutet haben, daß manche Lebewesen schon in einem inneren Vorlauf, quasi übungshalber, mit dem Gesamtleben vertraut gemacht worden sind, um sich später postnatal besser und schneller zurechtfinden zu können.

Wir bewegen uns hier in dem Bereich der ewigen Ideen, der eigentlich so neu nicht ist, da er von Dichtern und Philosophen (Leibniz 1954, Platon 1958) zu allen Zeiten beschrieben worden ist, von Jung (1936) als das kollektive Unbewußte und von Freud (1923) als die archaische Erbschaft bzw. von der humanistischen Psychologie als transpersonale Dimension der Psyche (Grof 1987) beschrieben wurde.

Freud hat immer wieder die archaische Erbschaft des Menschen erwähnt, darauf hingewiesen, daß manche Neurosen nicht allein zureichend aus dem postnatal Erlebten erklärt werden können, sondern offensichtlich vererbte Ängste das Geschehen manchmal stärker bestimmen als das individuell Erlebte.

Von den psychoanalytischen Autoren nach Freud wären hier u.a. zu erwähnen Rascovsky (1978), Grunberger (1976) und insbesondere Winnicott (1965) mit seinem Konzept der angeborenen inneren Objekte (inneres Wissen um die Brust), die über das Stadium das Übergangsobjekt zur äußeren Objektbildung führen und Bions (1962) Präkonzeptionen als Voraussetzungen der äußeren Objektbildung.

Ich gehe davon aus, daß im Zuge der Evolution nicht nur die Anweisungen für die Entwicklung des Körperlichen in der genetischen Information festgeschrieben wurden, sondern daß auch das Erlebte und hier insbesondere die sich immer wiederholenden intensivsten Erlebnisvorgänge nicht nur kulturell weitergegeben, sondern auch internalisiert wurden und biologisch-genetisch weiter tradiert werden.

Ich bin mir klar darüber, daß dieser Gedanke auf Widerstände stoßen wird und näher erläutert werden muß. Dieser Vorgang ist nur vorstellbar über sehr große Zeiträume und nicht etwa von Generation zu Generation im Sinne einer unmittelbaren Beeinflussungsmöglichkeit.

Es ist uns ja inzwischen völlig vertraut, daß der Aufbau der Gewebe, der Organe und des Körpers in der genetischen Information niedergelegt ist und auch über sie weitergegeben wird.

Wenn man die psychosomatische Einheit konsequent zu Ende denkt, gerät man nicht nur ins Erstaunen über die ungeheure Packungsdichte der Informationen für die somatischen Steuerungsvorgänge, sondern noch schwerer vorstellbar, weil noch so neu und ungewohnt, ist es, sich klarzumachen, daß die gesamten psychischen Erlebensvorgänge aus der Entwicklung des Lebendigen in irgendeiner Form in jedem Individuum neu auftreten und sich später mehr oder weniger in der Projektion in der Außenwelt umsetzen können.

Es sei hier noch einmal Freud zitiert aus 'Das Ich und das Es': "Die Erlebnisse des Ichs scheinen zunächst für die Erbschaft verloren zu gehen, wenn sie sich aber häufig und stark genug bei vielen generationsweise aufeinanderfolgenden Individuen wiederholen, setzen sie sich sozusagen in Erlebnisse des Es um, deren Eindrücke durch Vererbung festgehalten werden. Somit beherbergt das erbliche Es in sich die Reste ungezählt vieler Ich-Existenzen, und wenn das Ich sein Überich aus dem Es schöpft, bringt es vielleicht nur ältere Ich-Gestaltungen wieder zum Vorschein, schafft ihm eine Auferstehung." (Freud 1923)

Was die Inhalte dieses "pools" angeht, fallen einem natürlich die Archetypen des kollektiven Unbewußten von Jung ein bzw. die Urphantasien Freuds (Verführung, Inzest, Kastration).

Aus den von Grof (1987) an tausenden von Patienten durchgeführten LSD-Behandlungen bekommt man geradezu einen phantastischen Eindruck von dem, was hinter der Schranke der Urverdrängung an transpersonalen Inhalten in uns niedergelegt ist und von Zelle zu Zelle und von Generation zu Generation weitergegeben wird.

Der von Rascovsky beschriebene Reduplikationsvorgang, bei dem das sich entwickelnde Ich seine Objekte aus dem Es schöpft, wobei Perzeption, Inkorporation und Identifizierung, in einem Zuge geschehen, erinnert stark an die DNS-Reduplikation, möglicherweise handelt es sich hierbei um die psychologische Seite der psychosomatischen Matrix, die ja in diesem frühen Stadium noch eine

Einheit darstellt und lediglich von verschiedenen Seiten betrachtet werden kann.

Man kann vielleicht davon ausgehen, daß dieser Reduplikationsvorgang und die Innnenschau des reduplizierten Materials in den ersten Tagen und Wochen ganz die Szene des Embryos innerlich beherrscht, falls keine sehr schwerwiegenden Störfaktoren wie chemische oder Strahlennoxen oder stärkste psychische Ablehnungen, zum Beispiel in Form von Abtreibungsversuchen, diesen Prozeß stören.

Ein wichtiger Übergangsbereich, der zu einer natürlich auftretenden Störzone wird, ist die Begegnung mit dem inneren Milieu der Mutter, was sowohl zeitlich als auch in der Intensität sehr verschieden auftreten kann und sehr verschiedene Ausgangs-Bedingungen für die Entwicklung der ersten äußeren Objekte abgeben kann.

In dem Idealfalle würde das frei sich entfaltende Wachstum und die ungehinderte Innenbilderschau auf ein inneres Milieu der Mutter treffen, das diesen ersten Entfaltungsvorgang aufnimmt und ihm einen passenden äußeren Rahmen gibt.

In einem pathologischen Entwicklungsgang könnte natürlich die Innenschau als solche schon quantitativ und qualitativ gestört werden durch allerlei Traumen und auch der Übergang von der Innenschau zur ersten Reaktion auf die innere Mutter könnte durch allerlei Einflüsse zu früh und vor allem zu traumatisch erfolgen, so daß es hier schon zu einer Vorform eines falschen Selbst kommen könnte, das dann als schon vortraumatisierte Plattform auch die nächsten Entwicklungsstadien störend beeinflußt, wie man es sich ja auch in der klassischen Neurosenätiologie postnatal vorstellt.
Auch die langsam aufdämmernde Außenwelterfahrung in den letzten Schwangerschaftsmonaten und die Perinatalerlebnisse sind auf dem Hintergrund dieser eben geschilderten Vorerfahrungen als konstellierende Momente im positiven wie negativen Sinne zu sehen.

Auch hier wird es wieder sehr unterschiedlich sein, ob die Außenwelt sich passend annähert und es zu einer lebensfähigen bzw. der "Werdelust" (Goethe 1814) folgenden Verkordelung mit den vorhergehenden Entwicklungsströmen kommt oder ob sich im pathologischen Fall die Außenwelt von Anfang an als schwere Bedrohung zeigt, die zu Angst, Flucht und Wachstumsvermeidung führt, was pränatal den Weg der Neurose vorbahnt und auch die Geburt eher zu einem traumatischen Erlebnis werden läßt, das sich auf die anderen vorgebahnten Traumen aufsetzt.

Aus den eben geschilderten Vorgängen läßt sich entnehemn, daß man heute nicht mehr naiv davon ausgehen kann, die pränatale Welt generell zu idealisieren und als einen Bereich zu sehen, in dem nur Harmonie und Wohlbefinden herrschen, sondern es von dem Erleben der drei geschilderten Bereiche abhängt, wie die prä- und perinatale Psyche sich bildet und damit in die Außenwelterfahrung entritt.

Bei den allermeisten Individuen unterliegen die eben geschilderten Ereignisse der Schranke der Urverdrändung und den Folgen des Geburtstraumas. Es gibt aber immer einige Menschen, bei denen aus verschiedenen Gründen ein gewisser Kontakt zu der pränatalen inneren Objektwelt erhalten geblieben ist. Auch kann durch Drogen und bestimmte Praktiken (Meditation, Fasten, Rituale etc.) der Kontakt zu dieser inneren Welt wiederhergestellt werden. Als Hinweis auf das Pränatale kann man nehmen, daß alle Phänomene, die das Faszinosum des Unheimlichen bzw. des Wunderbaren an sich haben, auf diesen frühen Bereich verweisen, der normalerweise in der Projektion erlebt wird (Religionen, Mythen, Märchen etc.).

Neben vielen alltäglichen Träumen, die unmittelbare Tagesreste einweben, gibt es immer wieder Träume (z.B. große Träume nach Jung), die absolut nicht in den individuellen Lebensgang organisch einzuordnen sind, sondern offensichtlich aus Bereichen stammen, die nicht persönlich erlebt wurden.

Überhaupt ist das Traumphänomen als solches für mich ein starker Hinweis auf einen eigenständigen intrapsychischen Bereich, der sich kategorial von der Außenwelterfahrung unterscheidet. Es ist auffallend, daß in den meisten Büchern über Träume die Frage nach der Deutung im Mittelpunkt steht und kaum Stellung bezogen wird, was das Wesen des Traums ist.

Auf diesem Betrachtungshintergrund gewinnt auch der Umgang mit Träumen einen neuen Akzent, in dem ich nicht als erstes frage, was dieser Traum bedeuten kann, sondern jeden Traum als solchen als Zugewinn an innerer Realität begrüße (Hillmann 1983).

Hieraus ergibt sich auch ein zusätzlicher neuer Aspekt von therapeutischen Prozessen, die nicht in erster Linie als Konfliktlösung, Symptombesserung etc. sich am Defizit, sondern mehr an einem Entwicklungsmodell orientieren oder, um mit Grof zu sprechen, dem Menschen eine "transpersonale Heimat" vermitteln wollen (Grof 1982).

Für die mehr therapeutisch Interessierten unter den Lesern ist vielleicht an dieser Stelle der Hinweis wichtig, daß hiert nicht ein gänzlich neues System aufgetan werden soll, sondern daß ich diese neue Sichtweise als Ergänzung bzw. als Fundament für die bisherige Psychoanalyse verstehen will, was ja von Freud auch eindeutig so konzipiert wurde, aber in den letzten Jahrzehnten durch zunehmende Beschäftigung mit dem Ich an Bedeutung verloren hat.

Ganz sicher spielen die postnatal erworbenen Identifizierungen und ihre Schicksale in der täglichen Arbeit des Therapeuten die herausragende Rolle. Es ist aber meine Erfahrung, nachdem ich tausende von Patientengeschichten auf mich habe wirken lassen, daß vieles in den Neurosen nach dem Modell der Identifikationen erklärt werden kann, daß aber ein bestimmter Bereich übrig bleibt, der auf einen eigenen Faktor im Patienten selbst verweist.

Wenn man sich in der Psychoanalyse also nicht immer weiter von dem Unbewußten als solchem entfernen will, wird in den nächsten Jahren eine Auseinandersetzung mit der pränatalen Psychologie Jungs und damit wieder eine Beschäftigung mit Traum und Unbewußtem nicht nur nicht zu vermeiden sein, sondern geradezu belebend und befruchtend wirken.

Neben Traum und Unbewußtem möchte ich noch einige weitere, bisher nicht befriedigend geklärte psychische Problemfelder in ein neues Licht setzen, die vielleicht dem einen oder anderen zu einem Plausibilitäts- und Evidenzerlebnis verhelfen, was die Existenz einer eigenständigen inneren Objektwelt angeht.

So sind die bisherigen Theorien über déjà-vu-Erlebnisse nur bedingt überzeugend. Meiner Ansicht nach handelt es sich hierbei um eine Berührung oder, man könnte sagen, um einen "Fastzusammenstoß" der äußeren Welt mit dem inneren Bild, die das merkwürdige déjà-vu-Gefühl ergibt.

Ähnlich ist es mit der Reinkarnations- bzw. Seelenwanderungsidee, die ja seit jeher den Menschen beschäftigt. Auf dem Hintergrund des Gebundenseins des Seelischen an die genetische Information würde hier nicht ein Bezug herzustellen sein auf irgendwelche spekulativen Geistwesen, die im Außerkörperlichen oder Außerirdischen anzusiedeln wären, sondern es würde sich hier handeln um den natürlichen Zyklus des an die Zelle gebundenen Seelischen über Keimbahn, Zeugung, Bildung und Entwicklung eines neuen Individuums mit erneuter Herausbildung von Keimzellen usf.

Die Reinkarnations- und Seelenwanderungsideen sind also zu verstehen als Projektionen der biopsychischen Reduplikationsvorgänge in der Zelle.

Man kann daraus vielleicht ein allgemein gültiges Gesetz über die Projektionen ableiten, daß diese umso weitreichender und phantastischer und großräumiger sind, je früher die Zeiträume liegen, aus denen sie abstammen.

Auch ergäbe sich ein neues Verständnis für parapsychologische Phänomene aller Art, die zu sehen wären als Überreste bzw. Durchbruch oder Erhaltenbleiben einer nach anderen Gesetzen funktionierenden psychischen Innenfrühwelt, für die die Gesetze des Primärprozesses (Aufhebung von Raum, Zeit und Kausalität) gelten und nicht die natürlichen Gesetze der vierdimensionalen Raumzeit.

Hierher gehören würde auch Jungs Synchronizitätsprinzip (Jung und Pauli 1952), das ähnlich zu verstehen wäre wie die eben geschilderten déjà-vu-Erlebnisse, daß nämlich bestimmte Personen in besonderen Situationen ein eigenartiges schwerverständliches Zusammentreffen der inneren mit der äußeren Objektwelt registrieren.

Zum Beispiel würde auch der in allen Religionen vorkommende Transzendens-Gedanke neu zu sehen sein, indem hier der Bezug nicht auf einen außerirdischen Gott gedacht wird, sondern der Bezug sich nach innen herstellt auf den frühesten Bereich der mitgebrachten Innenwelt, je nach Überwiegen der Primärerfahrung als erlösenden bzw. strafenden Gott.

Es ist mir sehr wichtig, an dieser Stelle anzumerken, daß es mir hier nicht um eine Religionskritik in Anlehnung an Freud (1927) "Die Zukunft einer Illusion" geht, die nur auf den Projektionscharakter hinweist und zu dem Mißverständnis des "nichts als" führt. Ich möchte, nicht nur was die Religion angeht, aufmerksam machen auf die Eigenständigkeit und Eigengesetzlichkeit der mitgebrachten inneren psychischen Realität, die genauso wie die äußere Realität Aufmerksamkeit, Achtung und Pflege braucht.

Es geht also nicht etwa um eine Aufhebung oder Auflösung von Religionsausübung, z.B. durch die Kirchen, lediglich der Bezugspunkt ist ein anderer, nicht mehr weit fern und unfaßbar draußen, sondern in uns selbst, wenn auch nicht unbedingt leicht erfaßbar.

Ich sehe hier eher eine Chance für eine glaubhafte Widerbelebung des religiösen Gefühls; leider bewegen sich die Amtskirchen aber in einem die Gläubigen verunsicherndenVakuum, da Kirchenführer wie Kirchenvolk die Brüchigkeit des Projektionsvorganges instinktiv oder auch bewußt registriert haben, aber von der Existenz der inneren psychischen Realität noch nicht ausreichend Notiz genommen haben.

Es kann also in Zukunft nicht gut sein, daß die Psychotherapeuten ersatzweise religiöse Aufgaben übernehmen, sondern es wäre eine Bewußtseinswandlung bei den für die Religion Verantwortlichen notwendig bzw. es müßten sich neue

Institutionen herausbilden, die dem Menschen bei der Annahme und Pflege (auch durch Rituale) seiner inneren Wirklichkeit behilflich sind.

Ich hoffe, daß ich durch das Anreißen einiger Beispiele soviel Interesse geweckt habe, daß weitere Beispiele für projiziertes Seelisches wachgerufen werden, die zu einem eigenen Evidenzerlebnis führen werden.

Wenn es stimmt, daß die über Jahrtausende und über die Generationen gehenden Außenwelterfahrungen sich in irgendeiner Form in unserer genetischen Information niedergeschlagen haben und auch darüber weitergegeben werden, ist es natürlich von höchstem Interesse, wie starr bzw. wie flexibel und beeinflußbar dieses System arbeitet.

Ich glaube nicht, daß es sich hierbei um eine Ensemble von starren Urbildern bzw. Urideen handelt, die nicht wandelbar sind, wie Platon z.B. geglaubt hat.

Ich vermute, daß es hier Bereiche von außerordentlich zäher konservativer Natur gibt, die fast als Konstanten auftreten, dann aber auch Bereiche, die aufnahmefähiger sind und eine höhere "Stoffwechselrate" haben. Dies könnte der Hintergrund für ein immer wieder aufgeworfenes Schichtenmodell der Psyche sein, wobei man sich als unterste Schicht etwa ein kollektiv biologisches Unbewußtes, darüber ein transpersonales Unbewußtes, darüber ein familiäres Unbewußtes und darauf ein individuelles Unbewußtes vorstellen könnte.

Es ist bislang wissenschaftlich absolut ungeklärt, ob es sich bei den verschiedenen unbewußten Ebenen immer um die gleichen Vermittlungs- und Weitergabewege handelt oder ob es neben der Weitergabe durch DNS-Reduplikatoren noch weitere, bisher unbekannte Wege der Weitergabe gibt.

Es bleibt uns nichts anderes übrig, als mit Spannung die weitere Entwicklung der Genetik zu verfolgen.

Es ist aber bemerkenswert, daß so bedeutende Forscher wie Freud und Jung ihr Leben lang an gewissen neo-lamarckistischen Vorstellungen festgehalten haben. Es könnte sein, daß Freud in intuitiver Vorausschau Zusammenhänge geahnt hat, die bis heute naturwissenschaftlich noch nicht aufgeklärt werden konnten.

Jedenfalls läßt dies auch Ritvo (1973), die sich intensiv mit Freuds neolamarckistischer Darwin-Interpretqtion auseinandergesetzt hat, offen, obwohl damals wie heute der "mainstream"in der Psychoanalyse der Meinung ist, daß bei neurosenätiologischen Fragestellungen die Erklärung über die Identifikationen ausreicht, Anleihen bei der Genetik überflüssig sind (Hartmann, Kris, Loewenstein 1964).

Ich persönlich kann dieser defensiven, ich-psychologischen, das Unbewußte als solches eher vermeidenden Richtung nicht folgen und möchte meine Gedanken mit einer sicher spekulativen Perspektive beenden.

Geradezu ans Phantastische grenzende Perspektiven eröffnen sich als Rückprojektionen religiöser und philosophischer Systeme, wenn wir realisieren müßten, daß - wenn auch in kleinster Menge - das von uns Gelebte in irgendeiner Weise auf unsere ererbte Innenwelt zurückwirkt.

Vielleicht würde das für uns eine zuverlässige Motivation für einen anderen Umgang mit der Natur und uns abgeben als die bisherigen Ethik-Systeme, die sich alle auf einen schwer faßbaren Punkt außerhalb von uns beziehen.

LITERATUR

Bion, W.R., (1962), Learning from Experience, Maresfield Reprints, London

Fedor-Freybergh, P. (1987), Pränatale und perinatale Psychologie und Medizin, Saphir, München

Freud, S. (1923), Das Ich und das Es, S. 267, G.W. Bd. XXIII

Freud, S. (1927), Die Zukunft einer Illusion, G.W. Bd. XIV

Freud, S. (1937), Der Mann Moses und die monotheistische Religion, S. 205-207, G.W. Bd. XVI

Freud, S. (1938), Abriß der Psychoanalyse, S. 89, G.W. Bd. XVII

Goethe, J.W. (1814), West-östlicher Diwan, Db. II, Wegner, Hamburg 1967

Grof, St. (1987), Das Abenteuer der Selbstentdeckung, Kösel, München

Grundberger, B. (1976), Vom Narzißmus zum Objekt, Suhrkamp, Frankfurt

Hartmann, E., Kris, E., Loewenstein G.M. (1964), Papers on Psychoanalytic Psychology, New York

Hillmann, J. (1983), Am Anfang war das Bild, Kösel, München

Janus, L. (1989), Die Psychoanalyse der vorgeburtlichen Lebenszeit und der Geburt, Centaurus, Pfaffenweiler

Jung, C.G. (1934), Über die Archetypen des kollektiven Unbewußten. In: Bewußtes und Unbewußtes. Fischer, Frankfurt

Jung, C.G. (1936), Der Begriff des kollektiven Unbewußten, G.W. 9, I. Walter, Olten 1985

Jung, C.G. und Pauli, W., Naturerklärung und Psyche, Bd. IV, Rascher, Zürich 1952

Kruse, F. (1969), Die Anfänge des menschlichen Seelenlebens, Enke, Stuttgart

Leibniz, C.W. (1954), Monadologie, Reclam 7853, Stuttgart

Platon (1958), Phaidon Politeie. Sämtliche Werke, Bd. III, Rowohlt, Hamburg

Rascovsky, A. (1978), Die vorgeburtliche Entwicklung, Kindler, München

Ritvo, L.B. Freuds neo-lamarckistische Darwin-Interpretation, Psyche 27, 1973

Rottmann, G. (1974), Untersuchungen über Einstellungen zur Schwangerschaft und zur fötalen Entwicklung. In: Graber, H. (Hrsg.): Pränatale Psychologie, Kindler, München 1974

Winnicott, D.W. (1958), Collected Papers, Basic Books, New York

Prä- und perinatale Wurzeln von psychischen und psychosomatischen Symptombildungen

Psychosomatische Symptome in der Muskulatur und im Skelett

Wolfgang H. Hollweg

Jede tiefenpschologsich begründete psychosomatische Therapie bewegt sich, wie die klassische Psychoanalyse, von der a-mnesis hin zur ana-mnesis, von der Verdrängung zur Erinnerung.
Auch außerhalb jeder Therapie findet dieser Prozeß immer wieder statt, wenn auch sehr viel unvollkommener und obendrein in seiner Bedeutung meist nicht erkannnt oder doch zumindest unterschätzt. Er tritt vornehmlich in psychischen und psychososmatischen Symptombildungen und in Träumen zutage.
Hinsichtlich der psychosomatischen Symptome ist es ratsam, zwischen "Erinnerungssymptomen" und "Ausdruckssymptomen" grundsätzlich zu unterscheiden, da deren Aufdeckung und Bearbeitung unterschiedliche therapeutische Techniken verlangen.
In der klassischen Psychoanalyse haben wir es weit überwiegend mit Ausdruckssymptomen zu tun, mit Symptomen, die einen sozialen und zugleich intraspychischen Konflikt sichtbar werden lassen. Sobald wir jedoch Probleme zu bearbeiten haben, deren Ursachen in der prae- und perinatalen Zeit unserer Patienten entstanden sind, begegnen wir sehr viel häufiger Symptomen, die eine direkte psychophysische Erinnerung an erlittene Traumata darstellen.
Hier einige wenige Symptombildungen in Muskulatur und Skelett, die häufig auf prae- und perinatal erlittene Traumata zurückzuführen sind, auch wenn sie erst Jahre oder gar Jahrzehnte nach der primären Schädigung manifest geworden sind:
Die weitaus meisten Skoliosen; sehr viele Zervikobrachialsyndrome; bestimmte Formen von Hüftgelenksformationen; Kiel- und Trichterbrust sowie allgemein persistierende Muskelverspannungen, wo immer sie auftreten. Ich Zeige Ihnen in zwei kurzen Video-Aufnahmen Szenen aus der Regressionstherapie zweier Patienten mit Erinnerungssymptomatik.
Der erste Patient, 46 Jahre alt, leidet neben beträchtlichen Kommunikations- und Konzentrationsstörungen an schwerwiegenden Muskelverspannungen, die ihn, gemeinsam mit kaum erträglichen Bauchschmerzen, besonders nachts und am Morgen beim Aufwachen überfallen. Der gezeigten Sitzung ist in der Nacht ein Traum vorausgegangen, in dem der Patient neben einer Frau in einem Auto über die Autobahn fährt. Vorn gibt es keine durchsichtige Windschutzscheibe. Weder die Frau noch er slebst können die Fahrt bremsen: die Frau besitzt kein Bremspedal und er selbst hat einen starken Krampf im rechten Bein (der übrigens in einer der vorausgegangenen Sitzungen massiv aufgetreten war). Er weiß nicht, ob er links oder rechts an den Rand fahren kann, ohne im Graben zu

landen und Schaden dabei zu nehmen. Er wendet sich voller Angst und Verzweiflung nach hinten, um das kleine Rückfenster zu finden, was aber nicht ans Ziel führt. So wacht er erschreckt und schweißnaß auf.

Die zweite Patientin, 53 Jahre alt, wird seit Jahren weitgehend erfolgreich wegen rezidivierender Ischialgien, Lumalgien, Skoliose und Zervikobrachialsyndrom orthopädisch und physiotherapeutisch behandelt.

Die Symptome beider Patienten stellen psychophysische Erinnerungen an schwerwiegende Geburtsprobleme dar:

Der Patient war bei der geburtsvorbereitenden Absenkung mit den Füßen nach unten geraten. Er versuchte, seine mißliche Lage durch seitliche Drehung nach rechts und nach links, durch starke Beugung des Kopfes und des Rumpfes wie durch Überstreckung der gesamten Wirbelsäule zu korrigieren. Schließlich bildete er mit seinen Beinen eine Art Kreis, durch den er hindurchzuschlüpfen versuchte. Alle diese in der Regressionstherapie wiederholten Versuche blieben frustran. Der Patient hat übrigens zur Zeit des dargestellten therapeutischen Ablaufs noch nicht entdeckt, was er da eigentlich wiederholt.

Die Patientin hatte einige Sitzungen vorher erlebt, daß sie bei der Absenkung mit dem Gesäß nach unten, also in eine Steißlage, geraten war. Die versuchte Korrektur ihrer als bedrohlich empfundenen Lage ist geprägt von Angst, Verzweiflung, großen Schmerzen und energischem Kampf.
(Die beiden auf der Tagung gezeigten Videofilme zeigen die geschilderten regressiven Wiederholungen von Geburtsbewegungen.)

Nach diesen beiden kurzen Video-Szenen berichte ich Ihnen noch kurz über eine rheumatische Entwicklung bei einem neunjährigen Mädchen:

Daniela ist neun Jahre alt, als sie mit Verdacht auf eine rheumatische Erkrankung in eine Münchner Klinik eingeliefert wird. Vorausgegangen ist ein kleiner Unfall, bei dem Danielas rechter Unterschenkel geprellt worden war. Es liegt aber weder eine bedeutende äußere Verletzung noch ein Bruch vor. Die Schmerzen im Unterschenkel, die sich zeitweilig bis über das Knie ausdehnen, halten ungewöhnlich lange an und kommen nach schmerzfreien Intervallen immer wieder. Schließlich greifen sie auf das beim Unfall unverletzt gebliebene linke Bein über. Da die schmerzfreien Intervalle immer kürzer und die Schulversäumnisse, noch dazu kurz vor dem Übergang ins Gymnasium, immer häufiger werden, bleibt nur der Weg in die Klinik übrig, um endlich Klarheit zu schaffen. Die aber bleibt aus! Im verletzten Bein wird an der vom Unfall betroffenen Stelle eine Verschattung gefunden, das Röntgenbild zeigt aber eine ähnliche, etwas schwächer ausgeprägte Verschattung im nicht betroffenen linken Unterschenkel. Das führt schließlich zur Verdchts-Diagnose "Rheuma - ohne

erkennbaren Zusammenhang mit dem vorausgegangenen Unfall". Die Untersuchungen ziehen sich hin. Die Schmerzen kommen und gehen. Zur Schonung der Beine muß Daniela im Rollstuhl fahren. Sie bleibt mehrere Wochen im Krankenhaus. Um der Sinnlosigkeit ihres dortigen Aufenthaltes ein Ende zu bereiten, simuliert sie Schmerzfreiheit und wird auf Ansuchen der Eltern entlassen. Kurz danach hat sie bei mir ihre erste Therapiesitzung. Ich fordere sie auf, sich auf den Boden zu legen, die Augen fest geschlossen zu halten und sich intensiv auf die Schmerzen in ihren Beinen zu konzentrieren. Sie soll mir dann sagen, was in ihrem Körper vor sich geht. Nach wenigen Minuten beginnt sie zu lachen. "Ich möchte einen Purzelbaum machten!" Ich fordere sie auf, dem Drang nachzugeben. Sie macht gleich mehrere Purzelbäume hintereinander. Plötzlich hört sie damit auf und sagt: "Es geht nicht mehr. Ich müßte einen Purzelbaum machen, aber es ist dazu viel zu eng!" Ihre Stimme klingt jetzt ganz verändert; sie klingt angespannt und ängstlich. Schließlich sagt sie: "Ich stecke in einem ganz engen Raum. Ich muß da raus, mit dem Kopf voran. Aber ich liege verkehrt herum. Ich kann mich nicht drehen. Ich habe Angst!"
In den nächsten Sitzungen erlebt Daniela ihre Geburt. Sie ist eine sog. Steißlage. Sie kann einen sehr befreienden Zusammenhang knüpfen zwischen ihrer Geburtslage und ihren Ängsten, von denen sie immer wieder auf der Toilette überfallen wird: sie kommt dort von der Vorstellung nicht los, eine Hand würde von unten her nach ihrem Gesäß greifen und sie in die Tiefe ziehen. Den Zusammenhang mit ihrem Geburtsgeschehen kann sie unmittelbar erfassen und die damit verbundenen Ängste ein ganz erhebliches Stück weit auflösen.
Nach dieser Phase nimmt sie sich wieder im Mutterleib wahr, und zwar im letzten Schwangerschaftsmonat. Sie liegt verkehrt herum, mit dem Gesäß nach unten und mit angezogenen Beinen, die Füße gegen die Bauchdecke der Mutter gestemmt. Sie spürt, wie, von den Füßen ausgehend, ein ungeheurer Druck auf Unterschenkeln und Knieen lastet. Sie empfindet ihn als so schmerzhaft, daß sie im Mutterleibt sogar zu wenig Schlaf und Entspannung findet. Einige Sitzungen später erfolgt ein Erlebnis, in dem Daniela die Ursache der Steißlage aufdeckt. Sie hört zunächst das Geräusch eines Automotors. Dann nimmt sie plötzlich, zusammen mit dem Geräusch kreischender Bremsen, einen gewaltigen Ruck wahr und fühlt sich herumgeschleudert. Erst jetzt liegt sie falsch; bis zu diesem Ereignis war sie noch in der richtigen Geburtslage gewesen. Was war geschehen? Die Mutter hatte bis in den neunten Schwangerschaftsmonat hinein Fahrstunden genommen. Bei einer heftigen Bremsung hatte sich der Foetus gedreht, konnte die falsche Lage in der Folgezeit wegen der zunehmenden Enge nicht mehr korrigieren, obwohl es, wie die Therapie zeigte, versucht wurde.
Da nach diesem Erlebnis die Symptomatik rasch abklang, so daß Daniela das Gymnasium problemlos besuchen konnte, wurde die Therapie abgebrochen.

Die Konsequenzen, die sich aus der hier angesprochenen Problematik ergeben, sind vielfältiger Art. Nennen möchte ich hier nur zwei:

1. Wir haben uns wie selbstverständlich daran gewöhnt, bei Gelenkdeformationen und Wirbelsäulenveränderungen zu unterstellen, daß es sich um zivilisationsbedingte Abnutzungserscheinungen handelt, die nicht oder doch kaum korrigierbar sind. Darum wissend, wie viele Menschen gerade in unserer Kultur unaufgelöste prae- und perinatlas Traumata mit sich herumtragen, die tagtäglich, vor allem nächtlich, schmerzhafte Bewegungsimpulse auslösen, sollten wir uns ernsthaft fragen, ob wir unseren Orthopäden nicht dringend anraten müßten, sich mit dieser Problematik auseinanderzusetzen. Erkenntnisse der prae- und perinatalen Psychologie und Medizin sind vielleicht d i e entscheidende Herausforderung an unsere Medizin insgesamt. Das Problem "Abnutzung" stellt sich jedenfalls völlig neu.

2. Wir bedürfen.ganz dringend körperbezogener therapeutischer Verfahren, die in richtiger, d.h. nicht zugedeckter, aber doch lösender Weise auf die Aufdeckung solcher psychophysischen Frühtraumata und iher gegenwärtigen Symptomatik zu antworten in der Lage sind. Ich kenne gegenwärtig nur eins, das - das Autogene Training bei weitem übertreffend - den genannten Anforderungen voll zu entsprechen vermag: Das System der Z I L G R E I - Selbsttherapien, das auch für Psychotherapeuten, die keine speziellen orthopädischen Vorkenntnisse besitzen, leicht zu erlernen, den Patienten zu vermitteln und zu kontrollieren ist. Bitte haben Sie Verständnis, daß ich aus Zeitgründen darauf jetzt nicht mehr eingehen kann.

Hörsturz, Morbus Menière und Tinnitus

Wolfgang H. Holweg

Idiopathischer Hörsturz, Morbus Menière und Tinnitus sind weit verbreitet: man rechnet gegenwärtig in der Bundesrepublik mit ca. 6 Millionen Menschen, die gelegentlich, mit ca. 2 Millionen, die dauernd an Ohrgeräuschen und mehr oder minder starken Einschränkungen des Gehörs leiden.

Von der Entdeckung der Ätiologie dieser Erkrankungen wurde ich selber unvorbereitet überrascht. Außer gelegentlichem kurzzeitigem Pfeifen und Rauschen im linken Ohr leide ich selbst nicht an Tinnitus und habe, wenigstens bisher, keinen Hörsturz erlitten, trotz aller Streßbelastungen. Allerdings habe ich diese Symptome während bestimmter Phasen meines eigenen Geburtserlebens in der Regression sehr deutlich wahrgenommen, ohne daraus zunächst weitergehende Konsequenzen abzuleiten. Das geschah erst, als ich an mehreren Patienten während ihres Geburtserlebens spontane "idiopathische" Hörstürze, Tinnitus und gelegentlich auch massive Drehschwindel miterlebte, die von den Betroffenen selbst als Folge von äußerem Druck auf ein Ohr oder beide Ohren und als Unterbrechung der Blutzufuhr erlebt wurden. Seither gehe ich davon aus, daß "idiopathischer" Hörsturz, Morbus Menière und Tinnitus ihrer gemeinsamen Ätiologie nach auf perinatale Schädigungen des Innenohrs zurückzuführen sind, bei denen äußerer seitlicher Druck auf den Kopf und Störungen der Durchblutung, z.B. durch den Druck selbst oder auch durch Nabelschnurumwicklungen, eine mehr oder weniger passagere Symptomatik hervorrufen, die nach erfolgter Geburt wieder abklingt.

Die als bedrohlicher Kampf ums Überleben erfahrene Geburt, oft mit Verzweiflung und Resignation, den Vorboten einer späteren Depression, vergeschwistert, wird zwar um des Überlebens willen völlig verdrängt, mit allen ihren bedrohlichen Einzelaspekten jedoch exakt gespeichert.

Im Verlauf des weiteren Lebens kommt es, meist im Zusammenhang mit passageren Symptombildungen, die von beunruhigenden Träumen begleitet sind, zu bruchstückhaften Durchbrüchen des gespeicherten primären Geschehens in der Gegenwart. Sie bleiben für die Betroffenen selbst, für ihre nähere Umgebung und für ihre Ärzte meist unverständlich und rätselhaft, weil ihr Erinnerungscharakter nicht erkannt wird.

Zu einem endgültigen Durchbruch entscheidender Anteile des Geburtsgeschehens, nämlich der Innenohr-Symptome, kommt es in der Regel durch charakteristische Auslöser: durch "Streß-Situationen", die, vom Patienten im Wiederholungszwang meist selbst hervorgerufen, an den perinatalen Überlebenskampf erinnern.

In den Innenohr-Symptomen haben wir also eine echte Erinnerungs-Symptomatik vorliegen, die im Zusammenhang mit den meist recht charakteristischen Träumen, die dem Krankheitsausbruch vorausgegangen sind und ihn begleiten, den Einstieg bilden für die mit Regressionsmethoden und mit psychoanalytisch orientierter Nachentwicklung defizitär gebliebener Ich-Strukturen arbeitende körperbezogene psychosomatische Therapie.

Damit ist erstmals eine die Ätiologie, die Psychogenese, die Pathogenese und die akute Symptomatik umfassende psychosomatische Therapie möglich geworden.

"Psychosomatisch" ist hier in dem Sinne zu verstehen, daß der psychische und der somatische Aspekt des primären Geschehens und der darauf bezogenen therapeutischen Maßnahmen als gleichgewichtig und als unlösbar aufeinander bezogen zu betrachten und zu handhaben sind. Hinsichtlich der Therapie möchte ich daran erinnern, daß nicht nur im primären traumatischen Geschehen, sondern auch im gegenwärtigen akuten Krankheitsausbruch, der Hörsturz mit einer akuten Ischämie im Innenohr verbunden ist, weshalb Maßnahmen zur Verbesserung der Durchblutung bzw. Sauerstoff-Versorgung des betroffenen Gewebes unumgänglich sind, um irreversible Schädigungen zu vermeiden.

Andererseits muß mit aller Entschiedenheit davor gewarnt werden, sich mit dem vielleicht gelingenden Auffangen der Hörminderung durch eben solche die Durchblutung verbessernde Infusionen zufrieden zu geben. Da es sich um ein Erinnerungssymptom handelt, kann es jeder Zeit erneut spontan auftreten bzw. durch äußere belastende Lebenssituationen wiederholt ausgelöst werden.

Hinsichtlich weiterer wichtiger Aspekte der Ätiologie, der Psychogenese und der psychosomatischen Therapie dieser Krankheits-Trias erlaube ich mir, Sie auf mein soeben erschienenes Buch mit dem Titel "Streik im Innenohr" hinzuweisen.

Perinatale Zusammenhänge bei Enkopresis

Dorette Kugele

Im folgenden möchte ich kurz die analytische Spieltherapie eines 9-jährigen Jungen mit primärer Enkopresis und Begleitsymptom Obstipation skizzieren, bei der Symptomatik , Symboldynamik und Geburtsverlauf eindrückliche Parallelen aufwiesen.
Freud weist in "Zwang, Paranoia und Perversion" wiederholt darauf hin, daß "in den Produktionen des Unbewußten die Begriffe Kot, Kind und Penis oft miteinander vertauscht werden". In einem Artikel in "Kind und Umwelt" von T. Dowling finde ich den Hinweis, daß ausgedehnte anal-retentive Haltungen in Korrelation mit schwierigen Geburten zu sehen sind.

Bei vorliegendem Fallbeispiel handelt es sich um folgende Symptomatik:

- primäre Enkopresis mit Begleitsymptom Obstipation
- Enuresis nocturna persistens
- aggressive Verhaltensstörung

Der Patient, den ich hier Steffen nennen möchte, kotete mehrmals täglich ein. Das nächtliche Einnässen erfolgte mehrmals die Woche. Die aggressive Verhaltensstörung äußerte sich in einer starren Verweigerungs- und Oppositionshaltung. Mutter und Sohn befanden sich in einem verbissenen Dauerkampf, wer über wen bestimmt. Dasselbe spielte sich in der Schule mit der Lehrerin ab. Auch griff Steffen andere Kinder an, wobei er sie mit Vorliebe von hinten anfiel und würgte.
Im Prozeßverlauf der therapeutischen Behandlung zeichnete sich deutlich eine Zweisträngigkeit ab, die sich in 2 Grundlinien äußerte:

1. zum einen schuf sich Steffen Sicherheit und Geborgenheit spendende Schutzhöhlen; diese Gestaltungen wurden immer differenzierter und reichten vom Erdloch bis zum Uterus.
2 Parallel und in Abwechslung dazu erprobte sich Steffen in Hexen- und Heldenkämpfen, in denen er Autonomiebestrebungen Ausdruck verlieh. Entlang einer Auswahl von Symbolgestaltungen Steffens möchte ich kurz den Prozeßverlauf der therapeutischen Behandlung skizzieren:

I. In der Initialphase beherrschten Vampirsgestalten das Geschehen, z.B. malte sich Steffen als ein Vampir mit Riesensaugezahn. Er überbot sich geradezu in einer Beschreibung der Gerüche in der Vampirsgruft. In dieser Zeit sollte ich ihm auch in der Rolle des Arztes ganze Serien von Spritzen verabreichen, wobei sich eine Atmosphäre wohliger Verbundenheit einstellte. In Abwechslung hierzu repräsentierten Indianerphantasien die Autonomiebestrebungen des Jungen.

II. In einer 2. Phase des Prozeßverlaufs kreierte Steffen aus Ton folgendes Werk, seine "Maschine":

Diese "Maschine" ähnelte einem Eingeweideklumpen voll innerer Gänge mit einer Art Speserohr und einem Darmrohr. In die Maschine füllte Steffen Wasser oben hinein und kroch dann mit dem Gesicht geradezu in sie hinein, um den Lauf des Wassers im Innern zu verfolgen. In die nächste Stunde brachte Steffen eine Taschenlampe mit, um noch besser in die Höhlengänge hineinsehen zu können. Nach drei Stunden zerstörte Steffen die Maschine auf brutale Weise, indem er sie blindwütig zerstampfte und zerstückelte.
Die Autonomiebestrebungen Steffens äußerten sich zu dieser Zeit in Hexenkämpfen, wobei ich den Part der "mit Scheiße kämpfenden Hexe" zu übernehmen hatte.

III. In der 63. Stunde dann kam es zur Gestaltung einer intrauterinen Situation, nachdem Steffen eine Bilderserie zu den einzelnen Schwangerschaftsmonaten in dem Aufklärungsbuch von Thaddäus Troll eingehend studiert hatte:

Daraufhin spielte Steffen folgendes Spiel: In eine große rote Tonschüssel füllte Steffen Sand und drückte in den Sand eine kugelförmige Mulde. Mit weichem braunen Ton kleidete er die Innenwände der "Höhle" weich aus. Dann nahm er ein Playmo-Männchen, band ihm eine Schnur um den Bauch und setzte ihn in die Höhle, die er dann mit Wasser füllte

und mit einem Tondeckel verschloβ. Um diesen Deckelverschluβ herum zog Steffen nun einen "Stahlring" aus Tonwülsten. Der "Wächter" drinnen in der Höhle habe eine Strickleiter und ein Fernrohr, erzählte er. In die Höhle komme keiner rein, denn der Stahlring "zerquetsche alle zu Matsche". Das Männchen aber werde es mit Hilfe der Strickleiter schon schaffen, sich hindurchzuquetschen.
Tims Kampfspiele sind zu dieser Zeit sehr aggressiv und mit Tötungsphantasien verbunden.

IV. In einer 4. Phase des Prozeβverlaufs kroch Steffen über viele Stunden hinweg in eine Ikea-Röhre (ca. 2 m lang, 0,5 m breit), nannte sich "Pim" und sagte, er sei von einem anderen Planeten (Mond). Steffen sprach zu dieser Zeit Babysprache. Gefragt, wie alt er am liebsten wäre, sagte er: "Am liebsten noch gar nicht geboren." "Was er dann täte?" "Im Bauch treten und um mich schlagen!"
Mehrmals spielte Steffen, wie die Luft in der Röhre knapp würde. Mit Pieptönen wie von einem medizinischen Kontrollgerät zeigte Steffen höchste Lebensgefahr an. Über Stunden hinweg kletterte Steffen so in die Röhre und verblieb die ganze Zeit darin, wobei er manchmal oben den Kopf herausstreckte.
Auf Trennungen reagierte Steffen in dieser Zeit mit verstärktem Einkoten. Seine Aggressivität war schwer zu ertragen. In seinen Kampfspielen schlug er sich mit tödlichen Fallen und Riesenspinnennetzen herum.

V. Nach ca. 15 Stunden in der Röhre kam es in der 76. und 77. Behandlungsstunde zur "Geburt". Auszug aus den Stundenprotokollen:
In der Röhre liegend, schlägt Steffen plötzlich wild um sich und sagt, er komme nicht mehr raus und bekomme keine Luft mehr. Panikartig stürzt er dann doch aus der Röhre, schreit, er "müsse dringend" und rennt auf's Klo. Zurückgekehrt, klettert er euneut in die Röhre.
Dann schiebt er sich, auf dem Rücken liegend, aus der Röhre hinaus. Drauβen bleibt er rücklings liegen, hebt dann den Hintern wie zu einer Brücke und imitiert mit dem Mund Pupsgeräusche. Steffen pupst immer lauter und kriecht in die Röhre zurück, wo er, wie er mehrmals sagt, "riesige Haufen kackt". Er steigert sich bis zur Erschöpfung in eine nicht enden wollende Pups- und Kackorgie. Schlieβlich kriecht er völlig fertig mit blassem Gesicht und leerem Gesichtsausdruck aus der Röhre und will nach Hause gehen.
In der darauffolgenden Stunde nimmt er das Keyboard und stellt einen monotonen Rhythmus ein, um dann eine braune Decke über sich und das Gerät zu ziehen und sich im Takt gleichförmig zu wiegen. Nach einigen Minuten reiβt er plötzlich die Decke weg, schaltet das Musikinstrument aus und sagt bestimmt: "Jetzt habe ich keine Lust mehr auf

Pim-Spiele. Von jetzt ab bin ich nicht mehr Pim. Das klingt ja wie Pimpf!"

Steffen hat sich sozusagen in einer "Riesenkackorgie" in der Therapie selbst geboren. Die Röhre symbolisiert Geburtskanal und Darmrohr zugleich, ihr Inhalt Kot und Kind. Dies weckt bzgl. der Symptomatik des Einkotens mit Obstipation die Phantasie einer ständigen Wiederholung der Geburt, jedoch als einer analen. Bezeichnenderweise greift Steffen danach kein einziges Mal auf die alten Spiele zurück. Die Symptomatik verschwindet endgültig.
Bei einer erneuten Befragung der Mutter bzgl. des Geburtsverlaufs und der Frühentwicklung berichtet die Mutter im Gegensatz zu ihren spärlichen Angaben beim Anamnestiker diesbezüglich ausführlich von Schwierigkeiten bei der Geburt. Diese sei eingeleitet worden, obwohl keinerlei Wehentätigkeit zu verzeichnen gewesen sei. Als Grund für die Einleitung gibt die Mutter den bevorstehenden Urlaub ihres Gynäkologen an. Die Geburt beschreibt die Mutter als "schrecklich" und "endlos" scheinend (nach Angaben der Mutter 25 Stunden Dauer). Bei nachlassender Wehentätigkeit sei das Kind im Geburtskanal zwischenzeitlich "steckengeblieben". Endlich geboren, habe Steffen "scheußlich" ausgesehen, mit spitzgedrücktem Kopf, Quetschungen und blutunterlaufenen Stellen.

Trotz der eindrücklichen Parallelität von Geburtsverlauf, Symptomatik und Spielgestaltung meine ich dennoch nicht, daß in der Geburtsproblematik die bestimmende oder gar alleinige Ursache für die neurotische Erkrankung Steffens lag. Es kamen erhebliche Verstärkungen in der Frühkindheit hinzu (wie z.B. stundenlanges Alleinsein im Säuglings- und Kleinkindalter, Delegation väterlicher Aggression an das Kind u.v.a.m.). Ohne die Bedeutung der Geburtsfaktoren schmälern zu wollen, ist eine Reduzierung auf diese meiner Meinung nach nicht angemessen. Symptomatik und Spielgestaltungen können als symbolische Verarbeitung eines Steckenbleibens verstanden werden, sowohl konkret als eine Art Neubelebung des individuellen Geburtserlebens, als auch im übertragenen Sinn als Symbol einer Entwicklungsverzögerung ("Steckenbleiben im Mutterschoß", nicht altersgemäße Mutterbindung) mit analer Fixierung. Mit der Wandlung von Pim zu Steffen kann sich Steffen aus diesen Verstrickungen lösen.

Das psychotische Geschehen im Lichte des prä- und perinatalen Erlebens

Hans Rausch

Ich möchte mein Referat über psychotische Erlebnisveränderungen mit einem Satz von H.G. GRABER (1966) beginnen, dem vor 7 Jahren verstorbenen schweizer Analytiker und Begründer der ISPP. Im Zusammenhang mit den Arbeiten von TAUSK, SCHILDER, FERENCZI und RANK schrieb er: "In der Psychose erscheint ausgeprägter, weniger von normalen, realitätsgerechten und symbolischen Anpassungen entstellt, wohin allgemein die Psyche in ihrem 'dunklen Drange' der Ichbestrebungen zielt".
Also wäre die Psychose - nach GRABER - gar nicht so abgeschieden von der 'normalen' Psyche, sondern nur der gewöhnlich unsichtbare, aber dennoch immer gegenwärtige dunkle und un-heimliche Bruder des klaren Bewußtseins? Auf die enge Verwandtschaft von Psychose und Traumgeschehen hatte ja schon FREUD aufmerksam gemacht. Der Eingeweihte weiß es, Philosophen wie PLATO und Dichter wie GOETHE ("Hinab zu den Müttern" heißt es da im FAUST) haben sie beschrieben, und unter den Analytikern war es neben Otto RANK (1924) auch Hans GRABER gewesen, der in dem "dunklen Drange" des ewig suchenden Menschen die unbewußte Ursehnsucht nach der Rückkehr in den schützenden Mutterleib erkannt hatte. Am "Realitätsprinzip" gemessen erscheint dies als ein wahrhaft unheimliches und geradezu wahn-sinniges Unterfangen. So ist für den Begründer der Psychoanalyse FREUD die Vorstellung vom Leben im Mutterleib immer mit dem "Unheimlichen" verbunden geblieben.

Ich gehe davon aus, daß es sich bei der Psychose um ein rational nicht faßbares "magisch" erlebtes regressives Geschehen handelt, bei dem früheste prä- und perinatale Erlebnisbereiche bei Menschen, die unter einem archaischen (d.h. pränatalen) ICH-Defizit leiden, unter stark konflikthaften Lebensbedingungen reaktiviert und wiederbelebt werden. BALINT (1987) hat die schizophrene Reaktion ebenfalls mit der fötalen Phase verglichen. Ich sehe in der Psychose kein uneinfühlbares, unerklärliches Erleben, sondern ein Geschehen mit einer eigenen, wenn auch längst vergangenen, verleugneten und abgespaltenen Realität. Wie aus den Schwangerschafts- und Geburtsanamnesen psychotisch reagierender Menschen hervorgeht, war es allerdings eine tödlich-grausame und lebensverbietende Realität in der allerfrühesten Kindheit gewesen.
"Todeslandschaften der Seele" hat BENEDETTI (1983) eines seiner Bücher benannt, in dem er seine mehr als 30jährigen Erfahrungen auf dem Gebiet der Psychotherapie von psychotisch kranken Menschen dokumentiert hat.
HAU (1983) sprach auf der 1. Tagung der ISPP im Jahre 1972 im Falle einer extremen Ablehnung eines ungeborenen Kindes durch die Mutter von einem "in-

trauterinen Hospitalismus", der, wenn er nicht zum Tode, so "zur kindlichen Psychose, zum primär-schizoiden und depressiven Zustandsbild und zur frühen psychosomatischen Krankheit führt". Der Psychoanalytiker AMMON* (1979) nimmt an, daß die unbewußte Ablehnung des Kindes zu intrauterinen Entwicklungsstörungen führt, die eine Schädigung "primär biologischer ICH-Anlagen" zur Folge haben.
Ich selbst gehe davon aus, daß es im Normalfalle einer unter günstigen Bedingungen verlaufenden Schwangerschaft (vor allem die gefühlsmäßige Annahme des Kindes durch eine selbst psychosomatisch gesunde Mutter) nicht nur zur Ausreifung der biologischen ICH-Funktionen (Funktion der inneren Organe, des vegetativen Nervensystems, der Sinnesorgane) kommt, sondern während der Fötalzeit auch zum Aufbauch von "zentralen ICH-Funktionen - vor allem des Körper-ICH, der ICH-Abgrenzung, der konstruktiven Aggression, der Angst und der Frustrationsregulation. Ich gehe davon aus, daß das Kind die spätere Geburt und die damit verbundenen enormen Anpassungsleistungen nur mit Hilfe ausreichend ausgereifter primärer und zentraler ICH-Funktionen und mit emotionaler und körperlich-sinnlicher Unterstützung einer die Identität des Kindes bestätigenden Mutter wird schadlos bewältigen können.
Bereits ab dem Ende des 3. Monats der Schwangerschaft ist die Berührungssensibilität der Haut als Voraussetzung für den Aufbau einer Körper-Ich-Grenze ausgebildet. Die psychische Funktion der Ich-Grenze, wie sie zunächst von TAUSK (1919), dann von FEDERN (1952) beschrieben worden ist, entwickelt sich aber nicht nur durch die von außen kommenden Berührungsreize, z.B. durch die Uteruswand, sondern unter der Voraussetzung einer ausreichend von der Mutter zur Verfügung gestellten emotionalen "Sozialenergie" - sprich Mutterliebe -, die benötigt wird, um die ICH-Grenze emotional-libidinös zu besetzen. Erst durch diese Besetzung kann die ICH-Grenze "gefühlt" werden und damit auch zur Entstehung eines "ICH-Gefühls" als Voraussetzung für den Aufbau einer integrierten Persönlichkeit beitragen.
Ich vermute, daß die von schizophrenen Patienten berichteten Hautsensationen bzw. taktilen Halluzinationen, die oft als "elektrische Ströme" beschrieben werden, einem regressiven Wiedererleben der allerersten und daher - wie ich vermute - äußerst intensiv empfundenen energetisch-libidinösen Besetzungen der Körpergrenze entsprechen.
Zur pränatalen Frustrationsregulation möchte ich auf die Arbeiten von MILAKOVIČ (1967, 1987) hinweisen, der schon vor 20 Jahren gezeigt hat, daß die "libidinöse" Entwicklung auf die pränatale Zeit zurückverlegt werden müßte, da schon der Fötus am Daumen lutscht und teilweise große Mengen Fruchtwasser zur Frustrationsregulation aufnimmt.
CLAUSER (1971) hat in seinem epochalen Buch über die vorgeburtliche Entstehung der Sprache beschrieben, wie ab dem 4. Monat die "oralen" Mechanismen wie Saugen, Schlucken und Schreien durch die beginnende Wahrnehmung

* AMMONs Theorie des "Symbiose-Komplexes" hat mir persönlich eine wesentliche Erweiterung und pränatale Vertiefung psychoanalytischen Denkens ermöglicht.

der mütterlichen Herztöne "induziert" werden. Aus diesem Grunde kann es schon pränatal durch häufige starke Veränderungen des Herzrhythmus der Mutter im Zusammenhang mit starken emotionalen Belastungen zu Störungen der Sprachbildung kommen, die sich nach CLAUSER aus den "primitiven" oralen Mechanismen entwickelt. Eines der Symptome einer schweren schizophrenen Psychose stellt die Zerstörung der Sprache dar, die AMMON (1979) als "erstarrten Ausdruck der erlebten Gruppendynamik in frühester Kindheit" - ich selbst vermute schon pränatal - bezeichnet hat.

Eine ganz besondere Bedeutung auch hinsichtlich der Inhalte von psychotischen Phänomenen besitzt meines Erachtens das pränatale "Körper-ICH". Dieses unterscheidet sich noch vom nachgeburtlichen Körper-ICH nicht nur um das den Körper umgebende Fruchtwasser, die Uteruswand und die Schwerelosigkeit, sondern durch zusätzliche spezifische Attribute: nämlich die Nabelschnur und die Plazenta. Diese sind, ebenso wie Arme und Beine, Organe des K i n d e s, werden jedoch wegen ihrer Pulsationen im Herzrhythmus des Kindes zweifellos gqnz besonders intensiv wahrgenommen. Die nachgeburtliche Situation betreffend schrieb GRABER (1924):
"Der Körper bietet sich nach der Geburt" - ich ergänze: vor allem nach der Abnabelung - "als ein neues, abgelöstes und fremdartiges Objekt dar. Er scheidet aus dem vorherigen Einheits- und Identitätserleben aus und muß wieder 'zu eigen' gemacht werden".
Auch FREUD (1926) hat auf das Kontinuum von Intrauterinleben und erster Kindheit und die Bedeutung der Mutter als Beschützerin des Neugeborenen hingewiesen.
Kann die Mutter diese Schutzfunktion auf Grund eigener ICH-Defizite oder auch auf Grund der institutionalisierten Beziehungsfeindlichkeit der klinischen "Geburtshilfe" nicht erfüllen, so kann dies für das Neugeborene eine mehr oder weniger schwerwiegende biologische bzw. psychosomatische Katastrophe zur Folge haben. Das Ausmaß der isolationsbedingten drohenden Körper-ICH-Diffusion hängt von der pränatal erworbenen ICH-Stärke und der damit erworbenen Adaptationsfähigkeit des Neugeborenen ab. Künstler wie z.B. DALI,* auch der deutsche Maler Rich LOEF haben die isolationsbedingte Auflösung des postnatalen Körper-ICHs, das später in der Psychose als "Depersonalisation" erlebt wird, eindrucksvoll dargestellt. Die Zerstückelung und Neuschaffung des Körpers ist ein häufig wiederkehrendes Motiv in der Mythologie und ein konstitutives Element des Schamanismus. Ich bin der Überzeugung, daß auch die kreative Tätigkeit des darstellenden Künstlers den unbewußten Versuch darstellt, in der kreativen Regression die eigene Körper-Identität immer wieder neu zu errichten.

Ich gehe davon aus, daß ein auf Grund einer defizitäten Mutter-Kind-Symbiose schon pränatal depriviertes Kind im Falle einer sofortigen Trennung vom müt-

* z.B. in "Rhinozerotische Zerstückelung des Ilissos" (1954) oder "Spinne am Abend, oh Hoffnung" (1940)

terlichen Körper nach der Geburt nur durch Verleugnung der Realität und durch eine regressiv-halluzinatorische Wunschbefriedigung, die ihm die Illusion einer pränatalen Sicherheit verschafft, am Leben bleiben kann. Die Halluzination pränataler Objekte und Wahrnehmungen und die halluzinatorische Wiederbelebung der noch unverletzten pränatalen Körper-Identität ist in dieser Situation der totalen Isolation der einzige Schutz des Neugeborenen vor einer völligen lebensbedrohlichen Identitätsdiffusion. Diese Fähigkeit zur Halluzination bleibt beim archaisch ICH-kranken Menschen lebenslang erhalten. Sie kann später im Zusammenhang mit einer drohenden psychotischen Dekompensation regressiv wiederbelebt werden.[1]
Eine vermeidbare Bedrohung der Körper-ICH-Identität bei der Geburt besteht in der gewöhnlich viel zu frühen Abnabelung, noch bevor sich der Kreislauf des Neugeborenen umgestellt hat. Die besondere, auch für die Genese und die spezifischen Inhalte der schizophrenen Symptomatik verantwortliche Bedeutung des Nabelschnurverlustes liegt in der Tatsache, daß es bei einer zu frühen Abnabelung zu einem akuten Sauerstoffmangel beim Neugeborenen kommen kann. Dieser kann ebenso wie bei einer pränatalen Hypoxie (z.B. durch eine Verengung der Blutgefäße der Plazenta bei psychosozialem Streß der Mutter) mit erneuten Erstickungs- und Todesängsten verbunden sein. Diese Verknüpfung von Abnabelung und Todesangst stellt in Verbindung mit einem schon pränatal erworbenen ICH-Defizit meiner Meinung nach die Begründung für die jeweilige Schwere der Bedrohung dar, die mit der späteren "Kastrationsphantasie" verbunden ist. Diese "Kastrationsphantasie", die meist unbewußt bleibt (FREUD hat in ihr übrigens eine vererbte "Urphantasie" gesehen), kann u.a. im Traum und bei psychotischen Zuständen, z.B. als "Wahnidee", wiederbelebt und bewußtseinsfähig werden. In Zeichnungen bringen psychotisch reagierende Menschen immer wieder ihr Bedürfnis zum Ausdruck, wieder an die Mutter angenabelt zu sein. Heinz WERNER (1959) beschrieb u.a. eine psychotisch reagierende Frau, die in wahnhafter Weise "die Zerstörung ihres Lebenstriebes bald als Absterben eines Lebensbaumes, bald als Zerstückelung einer Schlange" - also eines Plazenta- und eines Nabelschnursymbols - erlebte. BENEDETTI (1987) berichtete von einer schizophrenen Frau, die "... wie Ungeborene im Kreislauf der Mutter eingebettet im Kreislauf eines metaphysischen Wesens lebte, das sie den 'Dämon' nannte".

Von Victor TAUSK (1919) war vor genau 70 Jahren auch ein "dämonisch" anmutendes Phänomen bei schizophrenen Patienten beschrieben worden, der sog. "Beeinflussungsapparat". Hierbei handelt es sich um das Empfinden mancher Patienten, durch "Strahlen" oder "Ströme" beeinflußt zu werden, die gelegentlich von einem imaginären Apparat oder einer "Maschine" ausgehen. Bei einer Patientin von TAUSK hatte der Apparat die körperliche Gestalt der Kranken selbst. TAUSK hat den "Beeinflussungsapparat" daher als Projektion des eigenen Körpers der Patienten - also als eine Art "Doppelgänger" - aufgefaßt.

Ich gehe davon aus, daß es sich - als Ausdruck eines "Selbstheilungsversuchs" - bei diesem "Apparat" als projizierter Körper um das regressiv wiederbelebte pränatale Körper-ICH handelt. Dieses kann - wie ich es oben beschrieben habe - durch die libidinöse Besetzungsenergie tatsächlich wie "unter Strom stehend" erlebt worden sein. In der Situation einer abgelehnten Schwangerschaft könnten die von der Mutter kommenden feindlichen Gefühlsimpulse als "böse", "feindliche" und vernichtende "Strahlen" empfunden worden sein, wie es z.B. Daniel SCHREBER (1903) in seinen paranoid-psychotischen Zuständen erlebt hat. Bernd NITZSCHKE (1985) hat dieses Phänomen in seinem Buch "Der eigene und der fremde Körper" eindrucksvoll beschrieben.

Im Verlauf der psychotischen Regression kann es zum völligen Auseinanderbrechen der Persönlichkeit in die verschienenen nicht integrierten Teilpersönlichkeiten kommen, die den verschiedenen frühen Identifikationen entsprechen und die auch als "Besessenheit" durch "Geister", "Teufel" oder "Dämonen" erlebt werden kann. In den projektiv entstandenen Malereien von psychotischen Menschen kommen daher Teufel und Dämonen immer wieder zur Darstellung. Als Titelbild zu dem schon erwähnten Buch "Todeslandschaften der Seele" wählte BENEDETTI das Bild einer schizophrenen Patientin mit dem Titel "Der Wahnsinn". Hierin hat die Patientin eine völlig entmenschlicht reagierende Mutter als eine lebensbedrohliche dämonische Gestalt dargestellt, die nur noch ansatzweise durch die teilweise blaue Farbgebung des Gewandes eine Beziehung zur pränatalen Situation der Patientin zeigt. Die Patientin ist sehr deutlich in der Geburtssituation befindlich dargestellt, wobei bisher nur der Kopf und der eine Arm geboren sind. In diesem Bild wird äußerst eindrucksvoll die "dämonische" Entfremdung, auch die Spaltung der Person der Mutter, gezeigt, die dem Neugeborenen keinen schützenden "sozialen Uterus" zur Verfügung stellt und dieses dadurch in schlimmste Verzweiflung und Todesangst stürzt. Da in dieser perinatalen Phase noch eine symbiotische Beziehung mit der Mutter besteht, hat sich die Patientin mit diesem "Dämon" und seiner Gespaltenheit auch selbst zur Darstellung gebracht. Gleichzeitig ist sie aber immer noch das hilflose, sich noch in der Geburt befindliche Wesen, das es noch nicht geschafft hat, vollständig geboren zu werden.
In der psychotischen Reaktion sehe ich auch den unbewußten regressiven Versuch einer Neugeburt und einer Neuintegration abgespaltener destruktiver ICH-Anteile, die wegen der strukturellen ICH-Schwäche dieser Menschen aber nur mit Hilfe eines strukturgebenden Therapeuten gelingen kann. Dieser muß sich zunächst als tragender Symbiosepartner, später dann auch als "Geburtshelfer" zur Verfügung stellen. Vor allem SULLIVAN, SEARLES, FROMM-REICHMANN, SCHEHAYE, BENEDETTI, AMMON u.a. haben diese Funktion des Psychosetherapeuten gelebt und beschrieben. Marie CARDINAL (1979) widmete ihr Buch "Schattenmund" dem Doktor, "der ihr half, geboren zu werden".

1 Auf die Fähigkeit zur "halluzinatorischen Wiederbelebung" der pränatalen Situation hatte bereits FERENCZI (1913) unter Hinweis auf FREUDs "Traumdeutung" aufmerksam gemacht

LITERATUR

Abraham, K. (1969, 1971), "Psychoanalytische Studien", S. Fischer

Ammon, G. (1977), "Die Beziehung zwischen Frühgeburt und psychosomatischer Erkrankung", in: DYN. PSYCHIATRIE 46

ders. (1979), "Handbuch der Dynamischen Psychiatrie 1", E. Reinhardt

ders. (1979), "Kindesmißhandlung", Kindler 2202

Balint, M. (1987), "Regression", dtv 15028

Barnes, M. (1983), "Meine Reise durch den Wahnsinn", Fischer 42203

Bateson, G. u.a. (1970), "Schizophrenie und Familie", Suhrkamp

Benedetti, G. (1983), "Todeslandschaften der Seele", Verl. f. Med. Psychologie

Biebel, D. (1977), "Das defizitäre Ich und die Schwangerschaft", Dyn. Psy. 46

Cardinal, M. (1979), "Schattenmund", rororo 4333

Caruso, I. (1976), "Narzißmus und Sozialisation", Bonz (Stuttgart)

Clauser, G. (1971), "Die vorgeburtliche Entstehung der Sprache als anthropolotisches Problem", F. Enke (Stuttgart)

Crowcroft, A. (1972), "Der Psychotiker", S. Fischer

Ellenberger, H., "Der Tod aus psychischen Ursachen bei Naturvölkern", in: PSYCHE V. Jgg., 1951/52, S. 333 ff

Federn, P. (1956), "Ich-Psychologie und die Psychosen", Huber (Bern)

Feher, L. (1980), "The Psychology of Birth", London: Souvenir Press

Ferenczi, S. (1973), "Entwicklungsstufen des Wirklichkeitssinnes" (1913), in: "Schriften zur Psychoanalyse", S. Fischer

Freud, S. (1919), "Das Unheimliche", Ges. Werke XII

ders. (1924), "Der Realitätsverlust bei Neurose und Psychose", G.W. XIII ders. (1926), "Hemmung, Symptom und Angst", G.W. XIV

Goos, B. (1982), "Geburt ohne Gewalt - sanfte Landung auf unserer Erde", in: Schindler, S. (Hrsg.), "Geburt - Eintritt in eine neue Welt", Hogrefe (Göttingen/Toronto)

Graber, G.H. (1975-77), "Gesammelte Werke", Goldmann *

ders. (1966), "Die Not des Lebens und ihre Überwindung", Ardschuna (Bern, Düsseldorf), S. 205

Grof, St. (1978), "Topographie des Unbewußten", Klett-Cotta

Hau, Th. (1973), "Perinatale und pränatale Faktoren der Neurosenätiologie", in: Graber, G.H./Kruse, F. (Hrsg.), "Vorgeburtliches Seelenleben", Goldmann

Janov, A. (1984), "Frühe Prägungen", S. Fischer (Frankfurt)

Keppler, K. u.a. (1979), "Die frühkindliche Anamnese der Schizophrenen", Nervenarzt 50, 719-724, Springer

Kruse, F. (1969), "die Anfänge des menschlichen Seelenlebens", F. Enke (Stuttgart)

Laing, F. (1986), "Die Tatsachen des Lebens", rororo 7402

Leboyer, F. (1986), "Geburt ohne Gewalt", Kösel

Milakovič, I. (1967), "The hypothesis of a deglutitive (prenatal) stage in libidinal development". Int. J. Psycho-Anal., 48: 76-82

ders. (1987), "Die Therorie einer pränatalen libidinösen Phase - 20 Jahre danach", in: Fedor-Freybergh, P. (Hrsg.), "Pränatale und Perinatale Psychologie und Medizin", Saphir (S-12502 Älvsjö) †

Müller-Suur, H. (1980), "Das Sinn-Problem in der Psychose", Hogrefe

Nitzschke, B. (1985), "Der eigene und der fremde Körper", Konkursbuch

Portmann, A. (1969), "Biologische Fragmente zu einer Lehre vom Menschen", Schwabe (Basel)

* Erhältlich bei PINEL-Verlag, Goethestraße 54, 8000 München 2

† Bestellungen an Rotations-Verlag, Mehringdamm 51, 1000 Berlin 61

Rank, O. (1924), "Das Trauma der Geburt", Int. Psychoanalyt. Verl., Wien

Rausch, H. (1981), "Geburtstrauma und Kastrationskomplex", Referat auf der Tagung der ISPP, Zürich

ders. (1981), "The Castration Complex and the Trauma of Birth", in: Verny, Th. (Ed.), "Pre- and Perinatal Psychology. An Introduction", Human Sciences Press. Inc., NY (1987)

ders. (1987), "Unerwünschtheit von Schwangerschaften als Realität und gesellschaftliches Tabu", in: Fedor-Freybergh, P. (Hrsg.), "Pränatale und Perinatale Psychologie und Medizin", Saphir (S-12502 Älvsjö) *

ders. (1987), "Die 'epileptische Reaktion' als Extrembeispiel eines psychosomatischen Geschehens. Prä- und perinatale Aspekte", Referat auf dem Symposium der Universität Osnabrück "Das Leben vor und während der Geburt - neue Erkenntnisse" (12./13.11.1987)Schilder, P. (1973): "Entwurf zu einer Psychiatrie auf psychonalytischer Grundlage", Suhrkamp (Frankfurt)

Schmidt, Ch. (1985), "Der plötzliche Kindstod", U S (München)

Searles, H.F. (1974), "Der psychoanalytische Beitrag zur Schizophrenieforschung", Kindler (München)

Sechehaye, M. (1973), "Tagebuch einer Schizophrenen", Suhrkamp (Frankfurt)

Stumpfe, K.-D. (1973), "Der psychogene Tod", Hippokrates (Stuttgart)

Tausk, V. (1983), "Gesammelte Schriften", Medusa (Wien/Berlin)

Tomatis, A. (987), "Der Klang des Lebens", Rowohlt (Reinbek)

Verny, Th. (1983), "Das Seelenleben des Ungeborenen", Ullstein (Frankfurt)

Werner, H. (1959), "Einführung in die Entwicklungspsychologie", Johann Ambrosius Barth (München)

* **Bestellungen an Rotations-Verlag, Mehringdamm 51, 1000 Berlin 61**

Kulturelle Verarbeitung prä- und perinatalen Erleben

The Roots of the Collective Unconscious

The Problems of Universal Symbolism

Terence Dowling

Even a quick glance at some of the world's mythologies will reveal remarkable similarities among them, similarities which span great distances of both space and time. It seems that there is no place on earth or period of history which has produced a myth or ritual which is completely unique; each seems to have been influenced more or less directly by other mythologies. However, this is not the case; theories about the diffusion of myths and mythological motifs have never been able to explain all the similarities.

Beyond similarities which occur among myths themselves, there are further, curious similarities, namely those between the world's mythologies and spontaneously produced, imaginative creations of individuals. It just does not seem possible for an individual to bring something out of his or her imagination which is completely unique; the new production can always be recognised as a variation on a theme which has already been expressed somewhere else among the world's myths.

The fact of universal symbolism was recognised by Carl Gustav Jung and given a descriptive explanation in his concept of the "collective unconscious". The similarities among the world's mythologies and the similarities between these and any individual's imagination come about because every individual, no matter what his culture or place in history, is in touch with and is influenced by a transcultural and, in some sense, pre-existent system of symbols and mythological motifs. Thus, the view that myths are always connected with a tradition which explains their similarity to other myths becomes untenable, since the universal, mythological ideas may appear anywhere and at any time and in any individual, regardless of tradition. The collective unconscious is thus something which haunts every human being and can expressed at any time through anyone.

Jung himself, who claimed to be, in the first place, an empiricist, said that he simply had to recognise the existence of the collective unconscious, without knowing its intimate nature; it was something he had continuously observed. Nevertheless, he did propose two rather different types of explanation for it. Firstly, he considered that its universality could result from the structure of the brain. He wrote:

> "The universal similarity of the brain yields the universal possibility of a similar mental functioning. This functioning is the collective psyche."

(Collected Works, VII p.1444)

However, in later work, Jung could only speak of the collective unconscious, in poetic, metaphorical terms. He now found himself more at home in a type of ahistorical, transpersonal spiritualism. He wrote, for example, in 1931:

> "The collective unconscious, moreover, seems to be not a person, but something like an unceasing stream or perhaps ocean of images and figures which drift into consciousness in our dreams of in abnormal states of mind".
> (Collected Works, VIII, p.349)

His Platonic idealism became even more explicit when he wrote of the symbols of the mother:

> "Were I philosopher, I should continue in this Platonic strain and say: somewhere in a 'place beyond the skies', there is a prototype or primordial image of the mother that is pre-existent and supraordinate to all phenomena in which the 'maternal', in the broadest sense of the term, is manifest".
> (Collected Works, 1938-54, IX Part I, p.75)

Followers of Jung have attempted to develop both of these suggestions. The first allows a down-to-earth materialism but, in the present state of neurology, it is no more than an untestable hypothesis. It is in fact barely explanatory and does not generate any deeper insight into the nature of the archetypes. Furthermore, it is difficult to maintain this hypothesis in the light of some of Jung's later ideas.

The second attempt at explanation certainly captured more of Jung's own interest and allowed him to explore with more openess the world's religions and metaphysical systems of thought and representation. However, it also does not truly explain the archetypes. It says nothing, for example, about the content of the collective unconscious. Why are just these particular symbols and themes and not any others to be found universally across all ages and all peoples? Is the collective unconcious truly a transcendental reality, unchanged and unchangeable down the ages, simply given to be accepted and believed in or not? Are the universal aspects of the processes of human consciousness only to be explained by recourse to eternity and a World-Soul or God?

In order ot explore these questions and, in particular, the question of the origin of universal symbols, the specific example of the symbol of the tree will be studied. A similar study of other symbols is possible but the immediate reason for taking that of the tree is that, even a brief acquaintance with the world of mythology, shows the tree to be one of the most central or primary symbols of the collective unconscious. It has a history almost as old as humankind itself. As soon as there is evidence of story-telling, there is evidence of curious stories about trees. When it is realised just how widely distributed around the world and throughout history, how deeply revered, how universally worshipped and indeed how extraordinarily attached people are to the symbol of the tree, then it becomes profoundly mysterious. It seems that humankind has never felt more at home with any other symbol than with the symbol of the tree.

Tree Symbolism and Human Reproduction

Any overview of plant and tree mythology provides abundant evidence that its central concern is that of fertility. More specifically, it seems that from the earliest times imaginable, the world's religions and myths, in their attempt to deal with the mysteries of human generation and birth, frequently assume a mystical solidarity, and sometimes even an identity, between the fertility of woman and that of plants and trees. It quickly becomes apparent that the unavoidable context in which to explore tree symbolism is that of human reproduction.

I) Mother-Tree Symbiosis

Since earliest times and particularly since the discovery of agriculture, the symbol of the tree has been universally connected with mother goddesses. Hardly ever, has a goddess been depicted without a plant or tree symbol beside her. Women, plants and trees have regularly shared the same names. Special female deities have been given the responsibility of caring for each type of crop. It is one of the deepest and most abiding human instincts to talk of "Mother Nature" and "Mother Earth".

Beyond this, there are abundant examples of stories which tell of the metamorphosis of a woman into a tree and vice versa. A well-known example of this is provided by the story of Daphne changed into a laurel tree in order to escape being raped by Appollo.

In many parts of the world, but especially in Africa, sapfilled trees have been regarded as the embodiment of divine motherhood. In Egypt, for example, the sycamore fig-tree, which like most figs exudes a milky sap, was associated with all the major mother goddesses. The most famous sycamore was the "Sycamore of the South" and it was regarded as the living body on arth of the godess, Hathor.

II) Trees as Source of Maternal Nourishment

The belief that the mother goddess in the form of a tree is a source of miraculous nourishment is very common. Many wallpaintings in the Egyptian tombs, for example, show the goddess, or in some instances just her breast, emerging from the branches of the sacred tree to nourish her disciples. In many cultures, the sacred tree is believed to produce a drink which guarantees health, longevity or even immortality. The Indian myths tell of the Garden of Indra in which the gods rest under wonderful trees and drink their fill of the sacred juice which flows down to them. The Vedic writings refer to the sacred soma or amrita, specified sometimes as the plant itself and sometimes as the juice of the plant. Many ritual prescriptions concern this soma. The Greeks called the sacred nourishment of the Olympian gods "ambrosia", a name which corresponds phonetically to "amrita". The ancient Persians talked of the sacred haoma in their traditions, again sometimes referring to a plant and sometimes to the drink which comes from it. They say: "White haoma was made to abolish decrepitude. It is this which will effect the regeneration of the universe and the immortality which comes from it. It is the king of plants. Whoever eats it becomes immortal".

III) Trees as Origin of Children

Beliefs associating trees with the mysteries of motherhood go far beyond the simple notion of nourishment. From very early times to the present day, trees and plants have been believed to be intimately involved in the very origin of children. Thus, for example, the Warramunga tribe of Northern Australia still believe that the "spirits of children", the size of a grain of sand, exist in certain trees. They sometimes leave the tree and enter the wombs of mothers through the navel and thus make them pregant. In Melanesian society, it was believed that the souls of children grow amid the foliage of a tree and that pregnancy comes about through eating a fruit containing the soul. A similar belief is realted in the first book of the Indian classic, the Mahabharata, which tells of an enormous fig-tree which has little human forms hanging from its branches. Natives of Malabar also claim to know of trees which have tiny men and women as their fruit. In the district of Nierstein on the Rhine in West Germany, there was said to be a vast lime tree "which provided children for the whole region". In the Abruzzi, Italy, it was said that newborn children come from the vine. The Galelarese believe that if a woman were to eat two bananas from a single head she would give birth to twins. In the town of Qua, near Old Calabar, there used to be a palm-tree which ensured conception to any barren woman who ate a nut from it. Among the Kara-Kirghiz, barren women must roll themselves on the ground under an solitary apple-tree in order to obtain a child.

In the Tuhoe tribe of Maoris the power of making women fruitful is ascribed to trees. These trees are associated with the navel-strings of specific mythical ancestors and the navelstrings of all children used to be hung on them until quite recent times. A barren woman had to embrace such a tree and she received a male or a female child according to whether she embraced the east or the west side of the trunk.

IV) Fertility and Tree Cults

As Babies have regularly been believed to come from trees, so tree worship and tree rituals have become an important part of fertility cults all over the world. In India sacred groves have been the centres for fertility since ancient times. Still, today, infertile couples who desire offspring worship at these shrines, placing votive gifts beneath the sacred tree. These are often stone tablets called nagakals, decorated with twisted serpents.

In certain areas of India, a girl is first married to a tree and only this is believed to guarantee her fertility in a later marriage to a man. In Nepal, every girl in her youth used to be married to a bel, a small tree. Such marriages are the frequent theme of early Buddhist art.

However, just as a woman can be married to a tree, so trees can be married to each other in order to encourage general fertility. In India, two trees, commonly the pipal and the neem, are often planted together at the centre of a village in order to increase the forces of fertility. It is also a common custom in India and other places to celebrate the marriage of trees when a woman has been married for some years and still has no children. The woman is represented by a young fig-tree and the husband by a mango. The stems of the trees are intertwined and then everything is done to make them grow normally.

Another ritual commonly performed by women in India to guarantee the communal fertility, one in which they spin cotton threads around a sacred village tree, has a direct parallel in Europe. A whole series of ritual practices have developed around the symbol of the May-tree. The details vary considerably from place to place but the basic theme remains constant. The whole of nature and mankind is regenerated by active participation in the resurrection of the plant world at springtime. The participation takes the form of a dance around a decorated tree. Commonly a group of young people cut a tree, strip off the branches and then decorated the pole with ribbons and braids. They carry it to the village amid great festivity which often turned into something of an orgy. However, there was nothing frivolous about the May-tree and what it signified. The tree is often set up in the middle oft he village and kept until the next year, the well-being of the whole community somehow dependent upon it. Many villages throughout the world, even where there is no ritual corresponding to that involving the May-tree in Europe, have a venerated tree in the main square which symbolises the life of the community.

V) Tree as Human Ancestor

Just as many people believe that children come in one way or another from trees, so many also believe that they are somehow descended from a tree or from a god or ancestors who lived in a tree. The Khatties of Central India, for example, claim they are descendants of a certain Khat, who ist "begotten of Wood". He is believed to have sprung from a wooden staff. Certain Miao groups worship the bamboo as their ancestor. A tribe in Madagascar is called the Antaivandrika, which literally means "the people of the tree". Their neighbours, the Antaifasy, are believed to be descended from the banana plant: "From the banana tree there came out one day a fine little boy, who in a while became very tall and strong ... he had many children and grandchildren, and they are the ancestors of this tribe; they are still sometimes called 'the children of the banana tree'."

VI) Tree involved in Primordial Fall

Human ancestors are not always believed to have been trees. However, many stories about ancestors connect them directly with a sacred or, in some other way, special tree. There are an enormous number of myths about a Fall, a fundamental disorder occurring in the beginning of human history because the first man and woman destroyed or touched or even just simply ate from a forbidden or cursed tree. The Judaeo-Christian version of this myth is well-known. Adam und Eve in the Garden of Eden, having been led astray by the Serpent, eat from a forbidden tree, the Tree of Knowledge of Good and Evil. (Although the Bible itself does not say so, the serpent has always been depicted in religious art as being coiled around the trunk of the tree.) As a result of the simple act of eating, Adam and Eve are thown out of the Garden and an Angel with a fiery sword prevents them from ever going back.

VII) Birth from Trees

The relation of the symbol of the tree to human reproduction becomes very explicit in the numerous beliefs about the physical birth of humans from trees. The most well-known example is that of the Greek myth about the birth of

Adonis. His mother, Myrrha, is said to have conceived her son through incest with her father, Cynchras. As a punishment, she underwent a metamorphosis during the pregnancy into a myrrh tree (another clear example of mothertree identification discussed above). Adonis was then born from this myrrh-tree, the bark of which was said to have burst open after a ten month gestation.

Even when the belief is not as explicit as this, trees are regularly associated with the miracle of birth. Many of the gods in Indian mythology are said to have been born under or even from a tree or to have appearded from a sacred lotus flower. The god Vishnu is said to have been born under the shade of a banyan tree. Buddha, who is said to have been conceived miraculously while his mother, Queen Maya, was meditating under a tree, is also said to have entered the world miraculously. He was born from Maya's right side while she stood clasping a sacred sal tree.

VII) Ideas of Generation

Many tree myths involve extension of the idea of generation. When it can be believed that babies' souls grow in trees and that babies can be literally born from trees or that human ancestry can be traced back to a tree or to a god-man originally sprung from a tree, then it is also possible to conceive of the whole universe as sprung from a giant tree. Beyond this, there are even many stories which describe the cosmos as existing in the form of a huge tree. One of the most famous of these Cosmic trees is the Great Ash tree, Yggdrasil, from the Scandinavian Edda. A great favourite in Indian mythology, often depicted in temples, is the story about the god Narayana who floats in the primeval waters, resting against a seven-headed serpent with the cosmic tree or lotus growing from his navel. It is from this curious navel-plant that the other gods and then everything that exists are manifest.

VIII) Trees, Birth and Placenta Rituals

There are many other beliefs and rituals which link birth and trees. Many peoples believe the life of a newborn to be bound up with that of a tree planted at the birth. In many places, even in Europe, when a royal heir is born, a lime tree is planted. In the Bismarck Archipelago, when a child is born, a coconut is planted; when the tree gives its first fruits, the child is held to be an adult: and a native chief is said to be more powerful if his tree is sturdy. Suetonius speaks of an oak with which the life of the Flavian dynastiy was mysteriously bound up. At every birth in that family the oak sent forth a new twig. Omens were taken from this twig as to the future of the new baby.

A more emphatic link is often established between the newborn and a tree by planting the placenta. For example, the Chantinos on the Pacific coast of Mexico habe a ceremony called "sembrar el muchachito", literally "to sow the baby". They bury the afterbirth in a hole in the earth into which is poured the blood of a black hen and in which is placed half a bar of chocolate and half a tortilla. The father then plants an elder tree. It is the witch-doctor's duty to watch over the growth of the tree and to protect it from disease. The child is considered to be in danger of death if the tree wizens and dries up. Similar customs can be found in many places. Most often, the placenta is buried at the foot of a young fruit tree.

Many peoples treat the placenta and the umbilical cord more explictly as sacred objects. Among the natives of Pennefather River in Queensland, Australia, it is believed that a part of the child' s spirit stays in the afterbirth. The grandmother takes it and buries it in sand, covering the spot with a cone of twigs. Anjea, the being believed to cause conception by placing babies in woman, sees the afterbirth and takes the spirit to a tree or hole in a rock or to a lagoon.

The Kei islanders regard the navel-string as the brother or sister of the newborn, according to the sex of the child. They put it in a pot with some ashes and set it in the branches of a tree so that it may keep a watchful eye on the fortunes of its comrade. The Baganda tribe believe that every person is born with a double and that this double is the afterbirth which they regard as a second child. The mother buries the afterbirth at the foot of a plantain tree which then becomes sacred until the fruit has ripened. The fruit then furnishes a sacred feast for the family.

The Depth Psychological Explanation of Mytholgical Themes

In his enormous study of mythology, entitled "The Golden Bough", published in 1922, Sir James G. Frazer documented many examples of myth and ritual involving trees. He did not miss the many, remarkable connections between them and the mysteries of human reproduction. However, his own attempted explanation of the universality of mythological images and themes did not highlight this fact.

Early in the work, Frazer discusses the common belief that every person is born with a double and describes how this double is regularly identified in myth and ritual with the afterbirth of the newborn child. He comes to the following conclusion:

> "The beliefs and usages concerned with the afterbirth or placenta, and to a less extent with the navel-string, present a remarkable parallel to the

widespread doctrine of the transferable or external soul and the custom founded on it. Hence it is hardly rash to cunjecture that the resemblance is no more chance coincidence, but that in the afterbirth or placenta we have a physical basis (not necessarily the only one) for the theory and practice of the external soul."

("the Golden Bough", abridged, 1983, p 53)

Thus, having noted the frequent reference in mythology to pre- and perinatal realities, Frazer did not hesitate to propose that a biological reality , the placenta, could actually form the basis for the widespread development of a perticular theme in mythology, in this case the belief in the human soul or double. Unfortunately, neither Frazer himself nor any other mythologist went on to develop this line of thought.

In fact, Frazer's idea was not original. Whether he was aware of it or not, Sigmund Freud had already hypothesized as early as 1911 that the placenta could be the origin of myths concerning twins and the Doppelganger. In a letter to Jung, he wrote:

"The weaker twin brother who dies earlier is the placenta, the afterbirth, simply on the ground that it is regularly born with the child from the same mother. Already months ago, we found this interpretation with a mordern mythologist, completely ignorant of psychoanalysis, who forgot his science for once and had a good idea ..."

(Freud/Jung Letters, 274 F)

Freud does not reveal the identity of the mythologist whom he acknowledges as the originator of this "good idea". Unfortunately, he also never went on to develop it nor indeed to develop the general principle that the roots of the human unconscious might be found to lie in pre- and perinatal realities.

More recently, the potential significance of pre- and perinatal events and the possibility that early experience might offer an explanation for such phenomena as universal symbols in religion and myth have been discussed and dismissed by a leading mythologist. In one paragraph of his book, "Myths, Dreams and Mysteries" (1957), Mircea Eliade considers what he calls "explanation by reduction to the "first form". He writes:

"The temptation is great, to look for the "origin" of a custom, or a mode of being, or a category of Spirit, etc., in an antecedent, or in some way embryonic, situation. We know what a number of causal explanations have been propised by materialists of every kind, seeking to reduce the activity and the creations of the Spirit to some instinct, some gland or some in-

fantile trauma... it is obvious that the embryonic state does not account for the mode of being of the adult; an embryo only acquires significance in so far as it is related to, and compared with, the adult. It is not the "foetus" which explains the man, for the specific mode of being of man in the world emerges just inasmuch as he is no longer leading a foetal existence. Psychoanalysts speak of psychic regressions to the foetal state, but that is an "intrapolation". No doubt, regressions are always possible...."
(Myths, Dreams and Mysteries, p 120)

Eliade is simply wrong to dismiss depth psychological insight as a form of materialism and causal explanation. He should have explored much more carefully that phenomenon of psychological regression which he accepts as "always possible". No doubt, the specific and, one might add, healthy mode of being of man in the world is no longer regressive, no longer overly determined by nostalgia for foetal existence. However, is it not still possible that regression and even regression to the foetal state is a highly significant category for the understanding of human consciousness and its mythopoetic tendencies?

The Psychological Significance of the Placenta.

When the stories which Man has continually created and told again and again about trees are taken literally, they have only one, possible, real reference and that is to the tree of the placenta. During the central event of their reproductive powers, women and this tree do exercise a symbiosis. During pregnancy, women do change into a tree, at least from the point of view of a postnatal human being who regresses to the foetal state. The maternal tree, the placenta does provide a special nourishment to sustain the unborn child and bring it to life. Babies do grow in this tree and are born from it. This tree is a sort of ancestor.

Furthermore, if fetal experience of its placenta is accepted as a primal imprint, as the origin of a primary hermeneutic in human consciousness, it becomes understandable why human beeings should project this tree-form into so many aspects of life. The belief that trees are intimately involved in all types of gneration is not so illogical after all. Even the Book of Genesis can be seen as a highly accurate account of the universal human beginning, if not the prehistoric one then definitely the pre- and perinatal. In the beginning, men and women do eat form a tree through the serpentine form of the umbilical cord. Eventually, they are pushed out and are cut off from ever going back. In Genesis, even the Angel with the sword stands at the gate.

Of course, many orther types of mythological story involving trees could have been cited. Many of them do not seem to have any immediately obvious or simple link with the mysteries of human reproduction. However, these other stories offer the possibility of a test: the explanation which has been proposed here for the tree mythology concerned explicitly with reproduction should, if it is really significant, illuminate the other tree stories as well. Indeed, this explanation, if it is the correct one, should be able to illuminate the whole of the collective unconscious. It should offer an explanation not only for the existence of universal symbols but also an illumination of their various meanings.

If the conclusion of your own research among the worldȧ myths and in your own consciousness accords with mine, then maybe the collective unconscious - the symbols and themes which appear in all expressions of the human unconscious - can be explained by the fact that all human beings, whatever their culture or place in history, share the same biological beginning. We all enter postnatal existence from the same room with the same essential components. Recourse to hypothetical significance of brain strukture or indeed to any other form of genetic/materialist/reductionist explanation is not necessary. Neither must any sort of World-Soul be invented. The universal, early experiences of pre- and perinatal events, themselves fixed within certain biological limits and imprinted in the developing nervous system of the child, can be understood as the ground of the human unconscious and the explanation of its universal manifestations.

Zur Verarbeitung prä- und perinataler Erlebnisvorgänge im Märchen

Ludwig Janus

Einleitung

Es war eine Vorstellung Freuds, durch die Psychoanalyse Religion und Metaphysik in Metapsychologie verwandeln zu können Dies gilt in besonderer Weise auch für die Phantasiebildungen des Märchens, wie die frühe Psychoanalyse (Rank und Sachs 1913) überzeugend gezeigt hat. Behindert wurde die Entwicklung der psychoanalytischen Märchenforschung durch den Schulenkonfklikt in der Psychoanalyse. Verfolgte Freud besonders die kulturelle Projektion und Verarbeitung der frühen Vaterbeziehung (1913, 1932), so erfaßte Jung die mythologisch-projektive Verarbeitung des Mutterbeszuges (Jung 1912, Neumann 1949, 1956). Da nun der Symbolismus der Mutterleibsregression und Wiedergeburt ein Herzstück des Zaubermärchens ist, das in der engeren Freudschen Tradition mit der Dominanz des Vaterthemas nur unvollständig repräsentiert ist, mußte die Märchenforschung verebben. Andererseits kam es in der Jungschen analytischen Psychologie, die Mutterleibsregression und Wiedergeburt in einer symbolisierten und projizierten Form thematisiert, zu einer fast inflationär anmutenden Fülle von Märcheninterpretation. Hingegen gibt es in der engeren Freudschen Psychoanalyse im Vergleich zur Bedeutung des Märchens nur ganz vereinzelte Arbeiten (s. das entsprechende Stichwort bei Grinstein und in der Psyche zwischen 1946 und 1966 keine 10 Arbeiten). Das Buch von Bettelheim "Kinder brauchen Märchen" täuscht eine Fülle der psychoanalytischen Märcheninterpretation vor, insofern Bettelheim, der selbst Freud vorwirft, die frühe Mutter vernachlässigt zu haben (Bettelheim 1974, S. 213), in wahlloser Weise und ohne Angaben von Quellen auf Jungsche Märcheninterpretation zurückgreift. Darum haben seine Märcheninterpretationen trotz aller Erfahrung des großen Kinderanalytikers, den Charakter von Flickwerk. Den inneren Bezug von Widerspruch und Ergänzung zwischen Freudianisch und Jungianisch orientierter Märcheninterpretation gälte es gerade zu diskutieren.

Da bei beiden Richtungen die lebensgeschichtliche Verankerung der frühen Mutter- und Vaterängste in der prä- und perinatalen Erfahrung, wie sie Rank (1924) und Graber (1924) aufzeigten, ausgeblendet sind, kann bei diesem Thema die pränatale Psychologie hilfreich sein, insofern sie zeigt, in welchem Ausmaß gerade eben Märchen durch die Projektion von prä- und perinatalen Erlebensvorgängen determiniert sind. Diese Basiserfahrungen projizieren sich in die spätere postnatale Mutter- und Vatererfahrung hinein, bzw. diese baut auf die Erfahrung des Lebensanfanges auf. Während des Identitätswechsels der Pubertät und in schweren Lebenskrisen werden perinatale Erlebensvorgänge in Phantasien aktualisiert, insofern die Geburt der erste Identitätswechsel und die erste Lebenskrise waren. Die prototypische kulturelle Verarbeitungsform dieser Aktualisierung primären Erlebens sind die Gestaltungen der Pubertätsriten (Winterstein 1927) und die imaginative Tiefenregression der Schamanenreise (Janus 1988).

Ergebnisse der Märchenforschung

Die Märchenforschung ist sich relativ einig, daß das Märchen unter anderem zwei wesentliche Wurzeln hat, und zwar eine in den Erzählungen der Schamanen über die Jenseitsreisen und eine in den Pubertätsriten. Die Schamanenreise ist das ursprüngliche restitutive Ritual in den Stammeskulturen, eine imaginative tiefenregressive Versetzung in eine andere Welt, wo Prüfungen erlitten und bestanden werden, verwandelte Erfahrungen gemacht werden, worauf eine Wiederkehr folgt. Dieser Märchenursprung wird von Eliade (1971), Lüthi (1960) u.a. vertreten. Zusammenfassend hat jüngst Gehrts (1986) die schamanistischen Wurzeln des Zaubermärchens beschrieben.

Eine andere Märchenwurzel ist die in den Pubertätsriten (Propp 1987). Die Märchen lassen sich verstehen als auf die Phantasieebene gehobene Anweisungen zu den Riten. Dies hat Propp in seinem Buch "Die historischen Wurzeln des Zaubermärchens" zusammenfassend dargestellt: "Wenn man sich all das vorstellt, was mit dem Initianden geschah, und es der Reihe nach erzählt, so gelangt man zu der Komposition, auf der das Zaubermärchen aufbaut ... Das, was jetzt erzählt wird, tat man einst und stellte es dar ..." (Propp 1987, S. 452).

Es scheint mir falsch zu fragen, welche Ansicht hier richtig ist, insofern die Bildungen des Pubertätsritus und der Schamanenreise beide gleich ursprünglich ihre Dynamik aus der Aktualisierung prä- und perinatalen Erlebens ziehen. Kernstück ist bei beiden die Figur von Mutterleibsregression und Wiedergeburt, die in der Schamanenreise imaginativ erfahren wird und im Pubertätsritus rituell gestaltet wird. Zur inneren Verbindung zwischen individueller schamanistischer Initiation und der Gruppeninitiation der Pubertätsriten kann man sich weiter noch folgende Vorstellungen machen. Auch die schamanistische Initiation geht auf das Adoleszenzerlebnis zurück. In der Adoleszenz wird der junge Schamane typischerweise in seine Berufung eingeweiht (Findeisen und Gehrts 1983). Seine Adoleszenzkrise wird gewissermaßen kreativ genutzt und entfaltet, damit er die tiefenregressive Erlebnisdynamik in späteren Krisensituationen therapeutisch nutzen kann, um durch symbolische Mutterleibsregression und Wiedergeburtsprozesse zu einem Neuanfang und einer Bewußtseinserweiterung finden zu können. Es ist auch wahrscheinlich, daß die schamanistische Innenerfahrung von Einzelnen, die besonders zu tiefenregressivem Erleben begabt waren, Anregungen zur Gestaltung der Initiationsriten gegeben hat, und umgekehrt die Pubertätsriten eine Bestätigung der Möglichkeiten und des transformativen Potentials der Tiefenregression für die Schamanen waren.

Die Grundcharakteristik der Schamanenreise

Das Beispiel des Berichts einer Schamanenreise soll den mutterleibsregressiven Charakter zeigen: "Ich bewegte mich fort in eine dunkle und enge Gegend und fand ... eine ganz neue Höhle. Konzentrische Kreise aus Licht und Dunkelheit öffneten sich um mich her und schienen mich mit sich zu tragen. Es war eigentlich nicht das Gefühl, als ob ich mich durch den Tunnel bewegte, sondern als ob er sich neben mir bewegt. Zuerst waren die Ringe kreisrund, aber sie änderten ihre Gestalt ... und gaben den Blick auf eine graue und schwach erleuchtete Landschaft frei - einen See, über den ich lange Zeit hinwegglitt und dabei genau beobachtete, wie die Wellen stiegen, sich kräuselten und sich unter mir bewegten. Der Tunnel, der mich an diesen Ort brachte, war leicht abwärts geneigt" (Harner 1982, S. 61). Dies der Bericht eines modernen Schamanen, der sein Pendant in dem eines Eskimos findet: "Für die allergrößten Schamanen öffnet sich ein Weg direkt aus dem Haus ... Eine Straße hinunter, durch die Erde, wenn sie in einem Zelt an der Küste sind, oder hinunter durch das Meer, wenn es in einer Schneehütte auf dem Meer ist, und auf dieser Straße wird der Schamane hinuntergeführt, ohne irgendeinem Widerstand zu begegnen. Er gleitet sozusagen, als ob er durch ein Rohr fällt, welches so genau um seinen Körper paßt, daß er sein Vorankommen dadurch prüfen kann, daß er sich gegen die Seitenwände drückt, und nicht wirklich, wie bei einem Sturz, hinunterzufallen braucht. Diese Rohr wird für ihn von allen Seelen seiner Namensvettern offengehalten, bis er auf seinem Wege zur Erde zurückkehrt" (Rasmusen, zit. n. Harner 1982, S. 51). Und C.G. Jung hat sein Erlebnis einer Schamanenreise oder seiner "Nachtmeerfahrt" so beschrieben: "Da war es mir, als ob der Boden im wörtlichen Sinne unter mir nachgäbe und als ob ich in eine dunkle Tiefe sauste. Ich konnte mich eines Gefühls von Panik nicht erwehren, aber plötzlich - nicht allzu tief, kam ich in einer weichen, stickigen Masse auf die Füße zu stehen - zu meiner großen Erleichterung. Jedoch befand ich mich in einer fast völligen Finsternis ... Vor mir lag der Eingang zu einer dunklen Höhle ... Ich ... watete durch knietiefes, eiskaltes Wasser zum anderen Ende der Höhle ... Um die Phantasie zu fassen, stellte ich mir oft einen Abstieg vor. Einmal bedurfte es sogar mehrerer Versuche, um in die Tiefe zu gelangen. Das erste Mal erreichte ich sozusagen eine Tiefe von 300 Metern, das nächste Mal war es schon eine kosmische Tiefe. Es war wie eine Fahrt zum Mond oder wie ein Abstieg ins Leere. Zuerst kam das Bild eines Kraters, und ich hatte das Gefühl, ich sei im Totemland" (Jung 1971, S. 182 ff).

Die Induktion der schamanistischen Trance geschieht durch das Trommeln, wodurch die Erinnerung an den mütterlichen Herzschlag aktualisiert wird, während sich in dem Rasseln die Erinnerung an Darm- und Arteriengeräusche widerspiegeln könnte. Das Ziel des Schamanen ist häufig das Wasser des Lebens, die Rückkehr zur Fruchtwasserexistenz, oder der Lebensbaum, dessen Plazentabedeutung Dowling (1988) überzeugend nachgewiesen hat. Der Schamane wird auf dem Schamanenbaum geboren und kehrt zu ihm in der imaginativen Tiefenregression der Schamanenreise zurück, um sich durch das Urerlebnis der Wiederannabelung zu restituieren. Psychologisch kann man das so verstehen, daß für das Stammhirn- und Mittelhirnwesen, das wir auch sind, jeder Wechsel den Urwechsel der Geburt aktualisiert und die Sicherheit gewissermaßen in einer Rückkehr in den so vertrauten Urzustand gesucht wird.

Das Grundmuster der Pubertätsriten

Den mutterleibsregressiven Charakter des Pubertätsritus sollen folgende Zitate belegen: "Eine der Formen des Ritus besteht darin, daß der Initiand durch eine Anlage kroch, die die Form eines ungeheuren Tieres hatte. Dort, wo schon Gebäude errichtet wurden, wird dieses ungeheure Tier durch eine Hütte oder ein Haus besonderer Art dargestellt. Der Intitand wurde gleichsam verdaut und als neuer Mensch ausgestoßen" (Propp 1987, S. 284). Die Mutterleibssymbolik der Schlange oder des Drachens im Pubertätsritus wird aus folgendem Zitat evident: "Vergessen wir nicht, daß beim Ritus das Herauskommen aus dem Leib der Schlange als eine zweite Geburt vorgestellt wurde, als die eigentliche Geburt des Helden. Wir sahen bereits, wie das dann später dadurch ersetzt wird, daß man ihn in ein Kästchen legt und es zu Wasser läßt. So gehen auch diese Vorstellungen, die mit der Geburt aus dem Drachen zusammenhängen, auf die selbe Sphäre zurück, wie der gesamte Komplex des Drachenkampfes. Die Entwicklungsstufen lassen sich schematisch folgendermaßen ansetzen: Der aus dem Drachen geborene (d.h. der, der durch ihn hindurchgegangen ist) ist der Held. In einer weiteren Etappe erschlägt der Held den Drachen. Die historische Verbindung beider Züge führt dazu, daß der vom Drachen geborene den Drachen erschlägt" (Propp 1987, S. 348).

Man kann nun in den schweren Prüfungen des Märchenhelden die Bewältigung der Gefährdungen prä- und perinataler Erfahrung sehen, die einen Neuanfang möglich macht.

Das Grundschema des Märchens

Die intensive Märchenforschung der letzten 200 Jahre hat es ermöglicht, Grundfiguren der Märchenhandlung herauszuarbeiten. Eine psychologisch-beschreibende Formulierung ist die von Scherf: "Zaubermürchen sind im wesentlichen zweigliedrige Erzählungen, in deren erstem Teil sich die Hauptgestalten als Heranwachsende von ihren Eltern lösen, um ihren eigenen Weg zu gehen. Die erste Partnerbindung, die sie auf ihrem Weg zu sich selbst erleben, zerbricht jedoch wieder aus ihrer Unreife; es bedarf eines außerordentlichen Einsatzes - Thema des zweiten Teiles - sich endlich doch als verläßlicher Partner zu erweisen und die Beziehung für ein Leben tragfähig zu machen" (Scherf 1982, S. XI). Dabei wird in vielen Märchen explizit ein Zusammenhang zwischen der Gestalt der Geburtserfahrung und dem Ablauf der Pubertätslösung hergestellt. So sind es bei Dornröschen die Todeswünsche der in der bösen Fee symbolisierten bösen Mutterseite bei der Geburt, deren handlungssymbolische Reaktualisierung in der Pubertät zu einer psychischen, todesähnlichen, pränatalen Regression führt, wie sie im Schlafzustand symbolisiert ist. Aus dieser Regression heraus entwickeln sich die im Eindringen des Prinzen symbolisierten eigenen Libessehnsüchte der Märchenheldin, deren Intensität die in der Dornenhecke symbolisierte Sperrung, gewissermaßen ihren Vaginismus, überwindet, der eine weitere symbolische Wiederholung des perinatalen Todeswunsches ist (Janus 1989, S. 319 ff).

Nun hat Propp in seiner "Morphologie des Märchens" eine morphologische Grundformel des Märchens gegeben, die sich in schlüssiger Weise zu den Bildern der Tiefenregression zum Lebensanfang in Verbindung setzen läßt. Ich kann auf die komplexe Formel hier nur verweisen (Propp 1975, S. 104) und versuche nur eine summarische, beschreibende Wiedergabe: Der Held wird geschädigt, erleidet eine Krise oder auch Distanzierung von den Eltern, gerät dann in eine Aussprache mit einem alten Mann oder einer alten Frau (in denen man die frühen Elternfiguren sehen kann); dann muß er sich mit einem Drachen auseinandersetzen (seiner perinatalen Erfahrung); danach befreit er aus der jenseitigen (pränatalen) Welt das Bild der Prinzessin oder des Prinzen, gewinnt sich dadurch als Mann oder als Frau; er erledigt sodann schwere Aufgaben, etwa daß er große Strecken durcheilt usw. Die Bewältigung dieser Aufgaben bedeutet nach Propp, daß er zwischen den verschiedenen Welten hin- und hergehen kann, daß er also, wie ich es ausdrücken möchte, nach der Reifungsregression nicht mehr durch das eigene Unbewußte, das Infantile und Embryonale in seiner Identität gefährdet ist, sondern im Gegenteil die Urerfahrung in kreativer Weise mit der Welterfahrung in einem Weltentwurf verbinden kann. In der Formulierung von Rank würde dies bedeuten, daß er sein Geburtstrauma überwunden hat. In diesem Sinne ist es möglich, das Märchen als eine gelenkte Phantasiereise oder Schamanenreise zu verstehen, die eben die Grunderfahrung der Aktualisierung des Lebensanfangs beim Übergang vom Jugendlichen zum Erwachsenen vermittelt. Der erlebte Mangel ist im Märchen und in der Realität Voraussetzung für die Gewinnung des neuen Lebensniveaus. Die Mangelsituation am Ende der Schwangerschaft ist real und auch organismisch die Voraussetzung für den Geburtsprozeß, wie ebenso die reifungsbedingten Mängel des Jugendlichen den transformativen Prozeß der Pubertät einleiten und vorantreiben.

Beispiele für prä- und perinatale Elemente in Märchen mit männlichen Helden

Ein Beispiel für die Ausformung des Reifungsprozesses bei einer Frühgeburt ist das Märchen "Daumesdick": "Nun geschah es, daß die Frau kränklich ward und nach sieben Monaten ein Kind gebar, das zwar an allen Gliedern vollkommen, aber nicht länger als ein Daumen war" (Grimm 1969, S. 148). Wegen dieser Unfertigkeit von Daumesdick ist der Reifungsprozeß durch dauernde symbolische Mutterleibsregressionen und Restitutionen gekennzeichnet. Der Held verschwindet im Ohr, in den Rockfalten seines Vaters, in einem Mausloch usw. Schließlich wird er von einer Kuh verschluckt und dann wiederum von einem Wolf, aus dem er sich dann schließlich nach alter Heldenart wieder befreit, wobei ihm jedoch sein Vater hilft, der den Wolf aufschneidet. Diese Hilfsfunktion des Vaters verstehe ich als Symbolisierung einer positiven Vaterbeziehung, die hilfreich ist beim Bestehen der tiefenregressiven Gefahren. Bei Daumesdick ist jedoch der Regressionssog so stark, daß eine wirkliche Verselbständigung nicht zustande kommt. Das Märchen endet mit der Frage des Vaters, "wo bist du denn all gewesen?", worauf Daumesdick antwortet: "Ach Vater, ich war in einem Mauseloch, in einer Kuh Bauch und in eines Wolfs Wanst: Nun bleib' ich bei Euch" (Grimm 1969, S. 152).

Einen ebenfalls unvollständigen Reifungsprozeß - die Frau geht wieder verloren - schildert das Märchen "Die drei Schlangenblätter". Der primäre Mangel ist durch die Unfähigkeit des Vaters, seinen einzigen Sohn zu ernähren, symbolisiert. Die pränatale Regression als Reifungsaufgabe ist in der Heiratsbedingung enthalten, sich beim Tod seiner Frau mit ihr lebendig begraben zu lassen. Die Mutterleibssymbolik dieses Bildes ist von Freud (1909, S. 391) schon früh benannt worden. In der Notsituation des Verhungerns im Grabe tauchen Symbole der guten Nabelschnur- und Plazentaerfahrung auf - die Schlange und die heilenden Blätter. Die Restitution wird jedoch durch eine erneute Aktualisierung der bösen Mutterimago in Form der Lieblosigkeit der Frau durch eine neuerliche Mutterleibsregression wieder aufgehoben. Diesmal ist es ein Aspekt der postiven Vaterimago im Bild des "treuen Dieners", der ihn in einem kleinen

Schifflein rettet, und zwar mit den Mitteln der symbolischen Wiederannabelung durch das Auflegen der plazentasymbolischen Schlangenblätter.

Ein Beispiel für ein Märchen mit einer vorgeburtlichen Schädigung ist "Hans mein Igel", der nach einer Verwünschung des Vaters in der Schwangerschaft in einer sein Abgelehntsein symbolisierenden Igelhaut geboren wird. Auch hier ist wieder die Ablehnung vom Elternhaus in der Pubertät der Anlaß zur Reaktualisierung der frühen Ablehnungssituation und der Rückkehr in ein die Mutterleibsexistenz symbolisierendes Waldleben, in dem er sich restituiert, so daß er den Herausforderungen als männlicher Held gewachsen ist und sich seine Braut erobern kann (Grimm 1969, S. 384 f).

Das Märchen vom "Teufel mit den drei goldenen Haaren" zeigt, wie eine gute Geburtsbedingung, die durch die Geburt in der Glückshaut symbolisiert ist, ein Fundus für zielstrebige Wandlungsfähigkeit sein kann. Der Held ist allen Nachstellungen seitens des ihn verfolgenden Vaters gewachsen.

Beispiele von Symbolisierungen prä- und peritnatalen Erlebens in Märchen mit weiblichen Helden

In Rapunzel geht es um die pränatale Schädigung. Die Mutter verfällt eigenen destruktiven Mutterintrojekten und verzehrt sich vor der Geburt in ihrer Sucht nach dem Rapunzelsalat bis an die Grenze des Todes. Dadurch gerät Rapunzel schon pränatal in den Bann der bösen Mutterimago, die ihr weiteres Leben dominiert. In der maternal-unterinen Regression in der Einschließung im Turm wiederholt sich der Widerstand der Mutter gegen Geburt überhaupt. Die guten mütterlichen Elemente symbolisieren sich im Fenster und die guten intrauterinen Erfahrungen im goldenen Haar. Die Smbolisierung guter pränaaler Hautgefühle im Goldenen hat Mott (1964) herausgearbeitet. Die Liebe zum Prinzen ist die das Geburtstrauma überwindende Kraft der Sexualität und des Eros, wobei die negative geburtsgraumatische Fixierung dann noch einmal als Versetzung in Wüste und Wald wirksam wird, jedoch dadurch überwunden wird, daß Rapunzel selbst Zwillinge, einen Jungen und ein Mädchen, die Ganzheit symbolisierend, bekommt.

Auch in "Schneewittchen" sind es die latenten pränatalen Todeswünsche der Mutter und ihr Tod bei der Geburt, die dic Entwicklung Schneewittchens taumatisch fixieren und ihren Eintritt in das Leben als erwachsene Frau tödlich bedrohen. Die Wünsche der Mutter nach einem Kind "so weiß wie Schnee, so rot wie Blut, so schwarz die Ebenholz" kann man mit Odermatt (1987, S. 30) als Vorwegnahme der "... Versuche der Stiefmutter sehen, Schneewittchen zu töten. Mit dem giftigen Kamm in den Haaren, dem roten, vergifteten Apfel und der Absicht überhaupt, es solle weiß werden, d.h. tot" (Odermatt 1987, S. 30). Der ambivalente Kinderwunsch der Mutter beeinträchtigt die fötale Existenz und setzt sich nachgeburtlich mit der negativen Seite durch, wie sie in der Stiefmutter symbolisiert ist. Auch hier ist es wieder der Eintritt in die Pubertät, das Erblühen der jungen Frau, das dieTraumatisierungen der ersten Lebenszeit aktualisiert und die Regression zu den verschiedenen, die Mutterleibsexistenz symbolisierenden Räumen einleitet - dem Wald, der Zwergenhütte und dem Glassarg. Auch hier sind es wieder letztlich die sexuellen Triebkräfte, wie sie sich in der Liebe des Prinzen symbolisieren, die die Energie für eine progressive Entwicklung bereitstellen.

Im Märchen "Marienkind" ist besonders herausgearbeitet, wie der Kontakt mit ersten sexuellen Regungen in der Pubertät, wie er im Hineinstecken des Schlüssels in das Schloß symbolisiert ist, die pränatale Erfahrung aktualisiert, wie sie dann im tiefen Schlaf, in der Versetzung unter die Erde und in die Wildnis symbolisiert ist, wie auch darin, daß sie sich in einen alten, hohlen Baum verkriecht, um zu schlafen. Diese Symbolisierung der Wiederannabelung, der Rückkehr zum Lebensbaum, leitet die Restitution ein und das Hinfinden zur neuen Identität als Frau.

Literatur

Bettelheim, B. (1974), Die symbolischen Wunden, Kindler, München

Bettelheim, B. (1977), Kinder brauchen Märchen, DVA, Stuttgart

Dowling, T.W. (1988), The psychological significance of the placenta. In: Schusser, G., Hatzmann, W. (Hrsg.), Das Leben vor und während der Geburt, Universitätsdruck, Osnabrück

Eliade, M. (1971), Wissenschaft und Märchen. In: Karlinger, F. (Hrsg.), Wege der Märchenforschung, Wissenschaftliche Buchgemeinschaft, Darmstadt

Freud, S. (1909), Die Traumdeutung. In: Freud, S., Studienausgabe, Band II, Fischer, Frankfurt (1972)

Freud, S. (1913), Totem und Tabu, GW IX

Freud, S. (1930), Das Unbehagen in der Kultur, GW XIV

Gehrts, H. (1986), Schamanistische Elemente im Zaubermärchen. In: Gehrts, H., Lademann, Priemser, G. (Hrsg.), Schamanentum und Zaubermärchen, Erich Röth, Kassel

Graber, H.G. (1924), Die Ambivalenz des Kindes, Internationaler Psychoanalytischr Verlag, Leipzig, Wien und Zürich

Grimm, J., Grimm, W. (1969), Kinder- und Hausmärchen, Winkler, München

Grinstein, A., Index of Psychoanalytic Writings

Harner, M. (1982), Der Weg des Schamanen, Rowohlt, Hamburg

Janus, L. (1988), Zur projektiven Darstellung prä- und perinatalen Erlebens in Mythen, Märchen und Riten. In: Schusser, G., Das Leben vor und während der Geburt, Universitätsdruck, Osnabrück

Janus, L. (1989), Die Psychoanalyse der vorgeburtlichen Lebenszeit und der Geburt, Centaurus, Pfaffenweiler

Jung C.G. (1912), Symbole der Wandlung, Rascher, Zürich (1952)

Jung, C.G. (1971), Erinnerungen, Träume, Gedanken, Walter Olten, Freiburg

Lüthi, M. (1950), Das europäische Volksmärchen, Dalp Taschenbuch, Francke, Bern, München

Neumann, E. (1949), Ursprungsgeschichte des Bewußtseins, Kindler, München

Neumann, E. (1955), Narzißmus, Automorphismus und Urbeziehung. In: Studien zur Analytischen Psychologie C.G. Jungs I., Rascher, Zürich

Odermatt, L.S. (1987), Aspekte der Magersucht in Bildern der Märchensprache, Kind und Umwelt 53: 24-49

Propp, V. (1975), Morphologie des Märchens, Suhrkamp, Frankfurt

Propp, V. (1987), Die Wurzeln des Zaubermärchens, Hanser, München

Rank, O. (1924), Das Trauma der Geburt, Fischer, Frankfurt (1988)

Rank, O., Sachs, H. (1913), Die Bedeutung der Psychoanalyse für die Geisteswissenschaften, Bonset, Amsterdam (1965)

Scherf, W. (1982), Lexikon der Zaubermärchen, Kröner, Stuttgart

Winterstein, A. (1927), Die Pubertätsriten der Mädchen und ihre Spuren im Märchen, Imago 14: 199-274

Über prae- und perinatale Phantasien in der neuzeitlichen bürgerlichen Literatur

Irmgard Roebling

Die Wichtigkeit von Mutterleibs- und Geburtsphantasien für die Kulturproduktion des Menschen ist inzwischen unbestritten, zeigen doch schon früheste uns überlieferte (vorschriftliche) Formen Erinnerungs- oder Imaginationselemente an ein vorsubjektives Sein. So verwundert es nicht, daß sich im Bereich der Literatur Beispiele häufen, die - in Verbindung mit anderen regressiven Phantasien - in die Nähe solcherart Vorstellungen kommen. Man braucht nur den zahllosen Mutterphantasien nachzugehen, die es in (direkter oder indirekter Ausformulierung) beinahe von jedem Autor gibt, mal in bewußter, mal in indirekter latenter Ausgestaltung. Neu zu erarbeiten wäre ein Bilder- und Formenarsenal, innerhalb dessen Künstler Erinnerungen und Rückphantasien an ein Leben vor und während der Geburt sich vergegenwärtigen.
Innerhalb meiner stark literautrpsychologisch ausgerichteten Arbeit ist mir deutlich geworden, daß insbesondere in solchen Werken, die grundständige Selbsterfahrungsberichte oder Selbstreflexionen thematisieren, Geburts- und Mutterleibsphantasien aufzufinden sind. Gewöhnlich stellen sie einen ersten Einschnitt in Selbsterkundungsprozessen dar oder erscheinen als Ziel, von dem aus neue Reifungsprozesse möglich erscheinen. Oft sind sie verbunden mit Genesisphantasien, mit der Vorstellung vom Neuen Adam, neuen Weltschöpfungen usw.
Besonders eindrucksvolle und anschauliche Beispiele finden sich in Robinsonaden, Werken in der Nachfolge des berühmten "Robinson Crusoe" von Daniel Defoe (1719), die als Initiationsphantasien v.a. des bürgerlichen Mannes seit dem Beginn des 18. Jahrhunderts ein noch immer nicht ausgespieltes pattern bilden (inzwischen allerdings auch bereichert um entsprechende weibliche Phantasien). Zum Grundmuster der Robinsonaden gehört der exilhafte (teils gesuchte, teils schichsalshaft zugefügte) Aufenthalt eines Einzelnen oder einer Gruppe in inselhafter Abgeschlossenheit; gehört - v.a. im anglo-germanischen Raum - ein männlich-heldenhaftes Sich-Bewähren gegen die Unbilden einer in ungekannter Elementarität erlebten Natur und schließlich die Leistung der weitgehend selbsttätigen Rekonstruktion tendenziell zivilisierter Lebensbedingungen. Zum Paradigma gehört aber auch das kritsche Bewußtsein des sich selbst beobachtenden Helden, der sein Schicksal quasi als Experiment (mit wechselnd utopischen, pädagogischen, abenteuerlichen Akzenten) auffaßt, über das er Rechenschaft ablegt und dessen Werden er zurückverfolgt in möglichst frühe Schichten seines Daseins. Die dominant gewählte Tagebuch- oder Ich-Erzählungsform unterstreicht den selbstreflektorischen Charakter dieser Gattung.

Die Struktur des Handlungsablaufs weist regelmäßig drei Stadien auf: isolierende Trennung - männliche Bewährung in der Trennung - Rückführung in bestimmte Formen von Gemeinschaft, ein Grundschema, das dem z.B. von Campbell beschiebenen Dreierschema in der mythischen Biographie des Helden entspricht. Diese Grundstruktur findet sich in Schamanenreisen, in der Odyssee, in Reise- und Ritterromanen, kurz in beinahe allen männlichen Individuations- und Initiationsphantasien realisiert. Bei genauem Hinsehen wird man feststellen, daß die meisten Ausformulierungen dieser Gattungen mehr oder weniger leicht zu entschlüsselnde Mutterleibs- oder Geburtsphantasien enthalten.

Im Prototyp der Gattung Robinsonade, um die es im folgenden allein gehen soll, in Defoes "Robinson Crusoe", wird die Phase der Bewährung eingeführt mit Bildern, die Geburtsassoziationen hervorrufen und offenbar so viel Widerhall in den Lesern fanden, daß sie beinahe stereotyp immer wieder vorkommen. Es beginnt mit dem Untertauchen des Protagonisten unter Wasser (häufig verbunden mit Detonations- oder Explosionserlebnissen - einem offenbar geburtsbegleitenden Urerlebnis) und dem Verlust des Bewußtseins. Im folgenden findet sich der Held liegend und meist nackt am Strand wieder in säuglingshafter Ausgesetztheit. Da, wo mütterliche Frauen auf der Insel fehlen - und in der klassischen Robinsonade fehlt ja die Frau im personalen Sinne überhaupt - übernimmt die Insel und das Meer metaphorisch Mutter- und Ernährungsfunktion. Das Meer als große Methapher des mütterlichen Urprinzips spielt dem Helden neben Meeresfrüchten regelmäßig Kisten oder gestrandete Schiffe zu (Jules Verne spricht in dem Sinne von "la mer, cette nourrice prodigieuse"), und die Insel beliefert ihn meist mit Nahrung im Überfluß. (Daß bei diesen Zulieferungen in männlichen Phantasien immer auch ein Gewehr erwähnt wird, sei nur am Rande erwähnt mit Hinweis auf den sehr geschlechtsspezifischen Charakter dieser Gattung.) Die Formation selbst der Insel wird als mütterlich erfahren, wobei insbesondere Felsen, Seen, Buchten und Wasserschluchten eine große Rolle spielen, die sehr leicht als Topographie eines weiblichen Körpers entschlüsselt werden können. In Schnabels Insel Felsenburg, der wichtigsten deutschen Nachahmung und Erweiterung des Robinsonthemas im 18. Jahrhundert, entdecken die Protagonisten einen bequemen schmalen Durchgang zwischen den Felsen, die das Landinnere vom Meer trennen. Nachdem sie diesen Schlund entdeckt haben, können sie ihre Habe vom Meer ins Land retten, der Kontakt zwischen Bauchinnerem und Außenwelt, so könnte man interpretieren, ist gesichert. Das Land-Innere selbst wird wie ein mütterliches Becken vorgestellt, umgeben von einem Felsrand, in dessen Mitte ein paradiesisches Land liegt. Der kühn kletternde Icherzähler entdeckt dieses Innere und schreibt, daß bei diesem Anblick alle seine "Sinne auf einmahl mit dem allergrößten Vergnügen von der Welt erfüllt wurden. Denn es fiel mir durch einen eintzigen Blick das gantze Lust-Revier dieser Felsen Insul in die Augen, welches ringsherum von der natur mit dergleichen starcken Pfeilern und Mauren umgeben, und sozusagen verborgen gehalten wird.Ich weiß gewiß, daß ich län-

ger als eine Stunde in der größten Entzückung gestanden habe, denn es kam mir nicht anders vor, als wenn ich die schönsten blühenden Bäume, das herum spazirende Wild und andere Annehmlichkeiten dieser Gegend, nur im bloßen Traume sähe." (In der Reclam-Ausgabe von Schnabels "Insel Felsenburg" S. 147) Er berichtet seinen Gefährten, daß er "das schöne Paradieß entdeckt habe, woraus vermuthlich Adam und Eva durch den Cherub verjagt worden" (ebd. S. 152).
Deutlich steht hier die Felsmetaphorik nicht nur - wie in der Forschung allgemein angenommen - für die männliche Constantia, sondern auch für mütterliche Geborgenheit im Sinne der Bergung durch die Beckenformation des Mutterleibes. - In allen Robinsonaden des 18. und 19. Jahrhunderts kommen denn auch solche meist ringförmigen Felsen (häufig mit einem Durchbruchschlund) vor, und die Rezeption des Motivs in den nachfreudschen Robinsonaden zeigt, daß es immer und von allen Autoren im angesprochenen Sinn verstanden wurde. Noch in zeitgenössischer Literatur, in Robert Merles "Malville", einer Art Atomrobinsonade, wird eine Gruppe von Männern vor dem Schlag einer Neutronenbombe in einer felsigen Burg gerettet. Nach dem Bombenschlag liegen alle nackt am Boden, der Icherzähler zieht sich in einen Bottich zurück, wo er wie ein Säugling im Fruchtwasser überlebt. Es folgt dann Ernährung mit Flaschen, wieder Mutterbilder usw. Hilfreich für das Überleben dieser Gruppe hat sich die Rettung einiger trächtiger Tiere erwiesen, die in einer Felsgrotte, sinnigerweise "maternité" genannt, ausgesondert wurden. Wie in Schnabels gut 200 Jahre ältererer Geschichte bildet sich von dieser Überlebensgruppe her eine neue Gesellschaft nach den Wünschen des erzählenden Ichs. Deutlicher als in den alten Robinsonaden und symptomatisch für die neuen ist hier die Tatsache, daß die alte Welt erst einmal vernichtet werden muß, stellvertretend meist für das Elternpaar. Erst dann kann der Überlebende seine Geburt neu inszenieren und in Verlängerung narzißtischer Wünsche und Allmachtsphantasien in selbstgewählter Umgebung und unter selbstgewählten Bedingungen sein Leben, bzw. das Leben wieder beginnen lassen.

Völlig ausphantasiert wird das Motiv der Reuterination im Kontext von Felsenmetaphern in Michel Tourniers "Vendredi ou les Limbes du Pacifique" (Freitag oder im Schoße des Pazifik). Im Gegensatz zu den außerordentlich sexualverdrängenden frühen Robinsonaden (Daniel Defoe war Puritaner da la plus belle espèce und hat einen auf der Oberfläche völlig trieblosen Robinson imaginiert - daher wohl das Regressionsbedürfnis), also im Gegensatz dazu geht Tourniers Robinson (auf der Suche nach seinem Selbst und nach der Erkenntnis von Existanz überhaupt) allen Stadien der Regression und der Triebbefriedigung nach. Ein sehr lesenswertes Buch, wie ich meine, nicht vor allem aufgrund der Tatsache, daß ein Freud und die Medizin gut kennender poeta doctus sein Wissen in Bilder umwandelt, sondern wie er es tut und wie er damit genau den latenten Kern auch früherer Robinsonaden ausformuliert. Im Mittelpunkt des Aufenthalts dieses Robinsons auf der von ihm sogenannten Insel

Speranza steht das Vordringen in den Schoß der Insel, in ihren Brennpunkt, in das Zentrum der Wahrheit. Auch dieser Schoß ist eine Felsenhöhle, in die der Held nur langsam, nach Fastenritualen und unter Gewöhnung an Dunkelheit und an ein Sein außerhalb der eigentlichen Zeit vordringen kann. Auch hier ist der Reuterinationsvorgang verbunden mit Wasser und Explosionsbildern, bzw. Bedrohungen. Wegen der außerordentlichen Intensität der Schoßphantasie zitiere ich eine zentrale (leicht gekürzte) Stelle ausführlich:

> "Er war im Bauch von Speranza wie ein Fisch im Wasser, gelangte aber dennoch nicht zu diesem Jenseits von Licht und Dunkelheit, in dem er die erste Schwelle des absoluten Jenseits erahnte. Vielleicht sollte er sich einer Reinigung durch Fasten unterziehen? Übrigens blieb ihm nur noch ein wenig Milch. Er verbrachte nochmals vierundzwanzig Stunden der inneren Einkehr. Dann stand er auf, und ohne Furcht und Zögern, aber ganz erfüllt vom feierlichen Ernst seiner Unternehmung drang er im engen Gang weiter vor. Er brauchte nicht lange umherzuirren, um zu finden, was er suchte: die Öffnung eines senkrechten, sehr engen Kamins. Er machte sofort einige erfolglose Versuche, sich hinabgleiten zu lassen. Die Wände waren glatt wie Fleisch, aber die Öffnung war so eng, daß Robinson darin stecken blieb. Er zog sich völlig aus und rieb seinen Körper mit der Milch ein, die ihm geblieben war. Dann tauchte er mit dem Kopf voran in den Kamin ein, und diesmal glitt er langsam, aber gleichmäßig hinunter wie der Bissen im Schlund. Nach einem sehr sanften Fall - dauerte er ein paar Augenbliche oder ein paar Jahrhunderte? - landete er mit ausgestreckten Armen in einer Art winzigen Krypta, in der er nur dann aufrecht stehen konnte, wenn er den Kopf im Eingang des Ganges hielt. Er machte sich daran, das Gewölbe, in dem er sich befand, eingehend abzutasten. Der Boden war hart, glatt, merkwürdig lauwarm, aber die Wände wiesen überraschende Unregelmäßigkeiten auf. Es gab steinerne Brüste, Kalkwarzen, Marmorpilze, Steinschwämme. (...) Ein feuchter Duft nach Eisen ging davon aus, erquickend säuerlich, eine Spur bittersüß, der an den Saft des Feigenbaums erinnerte. Aber was Robinson mehr fesselte als alles andere, war eine ungefähr fünf Fuß tiefe Höhle, die er in der entlegensten Ecke der Krypta entdeckte. Das Innere war völlig glatt, aber seltsam gewunden wie die Mulde einer Form, die dazu bestimmt war, etwas sehr Verschlungenes aufzunehmen: seinen eigenen Körper, Robinson ahnte das, und nach vielen Versuchen fand er endlich die Lage heraus - zusammengekauert, die Knie bis zum Kinn hochgezogen, mit gekreuzten Waden, die Hände auf die Füße gelegt - in de er sich so genau in die Höhle hineinschmiegen konnte, daß er die Grenzen seines Körpers vergaß, sobald er diese Stellung eingenommen hatte.
>
> Er schwebte in einer glücklichen Ewigkeit, Speranza war eine an der Sonne reifende Frucht, deren nackter weißer Kern, von tausend Schichten aus Rinde, Schalen und Häuten bedeckt, Robinson hieß. Wie groß war seine Freude,

wie er da im geheimsten Felseninnern dieser unbekannten Insel eingebettet lag! (...)

In dieser großen Tiefe nahm Speranzas weibliche Natur alle Eigenschaften des Mütterlichen an. Da die Grenzen von Raum und Zeit verschwammen, gelang es Robinson, so tief wie nie zuvor in die schlummernde Welt seiner Kindheit einzutauchen , und so besuchte ihn seine Mutter." (in der Fischer-Ausgabe, S 84-86).

Eine zeitlang sucht Robinson diesen Schoß immer wieder auf, bekommt da schließlich auch Samenergüsse und stellt fest, daß die Insel außerhalb der Grotte vertrocknet. Er wacht auf aus diesem Stadium der Regression: "Wie konnte ich nur so irren, für mich die Unschuld eines kleinen Kindes zu beanspruchen? Ich bin ein Mann in der Kraft der Jahre, und ich bin es mir schuldig, mein Schicksal mannhaft auf mich zu nehmen." Der Reifeprozeß auf der Insel geht also weiter, gelangt allerdings später nach einer Totalexplosion aller angehäuften Güter zu einer Wiedergeburt noch anderer, abendländisch kultureller Art, bei der nun (im Gegensatz zu Defoes Robinsonade) Freitag, nicht Robinson den Maßstab der Reifung setzt.

Das Bild der Fels- oder Berghöhle in das man -auf dem Wege der Selbsterkundung - wie in den Mutterschoß kriecht, findet sich natürlich nicht nur in Robinsonaden, sondern auch in anderen Werken, ich erinnere nur an Patrick Süßkinds Roman "Das Parfüm", in dessen Zentrum der nur auf den Nahsinn, sein Riechorgan ausgestellte Held in so einer Höhlenszene zu Glück und Frieden kommt.

Bisher habe ich nur von männlichen Phantasien in der Literatur gesprochen. Meiner Kenntnis nach neigen Männer auch mehr dazu, Mutterschoßgefilde auszumalen oder durch Bilder assoziativ zu evozieren, wahrscheinlich weil der Schoß für den Mann ja nicht nur Ort der Regression, sondern, wie das Beispiel Tourniers zeigte, auch der genitalen Befriedigung ist.

Das heißt jedoch nicht, daß Frauen keine Geburts- oder Mutterleibsphantasien haben, sie sehen nur z.T. anders aus.

So stehen beispielsweise in modernen weiblichen Robinsonaden Phantasien von Regression in den Mutterleib häufig im Kontext mit Vorstellungen einer Symbiose mit der Natur oder dem Kosmos, welche zwar einerseits gewünscht, andererseits aber als reifungshindernd vorgestellt wird. (Ich denke z.B. an Marlen Haushofers "Die Wand" oder an Joan Barfoods "Eine Hütte für mich allein"). Da im Leben die symbiotische Beziehung zur Mutter länger und ausschließlicher die Sozialisation der Mädchen bestimmt, bedeutet Selbsterkenntnis und Reifung in solchen Phantasien ausdrücklicher die Fähigkeit, Trennung und Individuation zu erlernen. Vielleicht ist bei Frauen das Wissen um die Prägekraft der geburtlichen Vorgänge auch von sich aus präsenter und braucht nicht so ausführlich thematisiert zu werden.

In Karin Strucks Roman "Die Mutter" (1975), einer großangelegten Suche nach eigener und mütterlicher Identität, macht die Autorin deutlich, daß bewußtes, reifes Leben überhaupt erst beginnen kann, wenn die eigene Geburt und das Wesen der Mutter völlig erfaßt ist. Von der Heldin Nora heißt es:

> "Noras Leben ist ein Leben vor der Geburt. Sie hat ja ihre Geburt überhaupt noch nicht begriffen. Sie liest von Novalis, das Individuum werde "durch einen einzigen absoluten Zufall individualisiert", zum Beispiel durch seine Geburt. Schreiben bei völliger Öffnung des Leibes und der Seele, sagt Franz Kafka. Meine Geburt völlig begreifen. Dann könnte das Leben beginnen." (Suhrkampausgabe S. 52)

Über dieses Kafka-Zitat: "Schreiben bei völliger Öffnung des Leibes und der Seele" habe ich gerade im Kontext von Geburtsphantasien oft nachdenken müssen. Ist Schreiben wie Produzieren überhaupt ja selbst eine Form von Geburt, für Männer die einzige, für Frauen eine alternative. Schon von daher liegt es nahe, im Schreibvorgang die Geburt präsent zu halten. Die Phantasie erscheint als ein Medium, vergleichbar dem Fruchtwasser, innerhalb dessen die Dinge noch einmal neu entschieden werden können, der Anfang steht noch bevor und scheint lenkbar. Hierzu noch ein letztes Beispiel: Jutta Heinrichs Roman "Das Geschlecht der Gedanken" von 1978.
In diesem außerordentlich dichten und unter die Haut gehenden Buch versucht die Autorin die Schwierigkeiten des Erwachsen-Werdens in phantastischen Episoden eines jungen Mädchens zu gestalten, wobei immer unklar bleibt, ob es sich um Phantasien oder Erlebnisse ihrer Protagonistin handelt.

Als Verständnisschlüssel könnte man über diesen Roman einen Satz stellen, den die Erzählerin selbst in einem den Roman abschließenden Brief an die Mutter mitteilt:
"Erwachsen werden heißt für mich, mitten im Leben mit gesteigerten Geburtsschmerzen auf die Welt zu kommen" (Verlag Frauenoffensive S. 130 f).
Im Falle dieses Romans (und hier typisch für viele moderne Frauenromane) erweist sich die Annahme des weiblichen Geschlechts als besonders schwierig, weil ausgesetzt, bedroht, verletzbar. Geschlecht, so lernt die Icherzählerin, hat mit Macht zu tun, und diese Macht hat (wie in einer bedrängenden Urphantasie zum Ausdruck kommt) allein der Vater. Er gebraucht sie in sadistisch bestialischer Weise gegen die bis zum Masochismus demütig und abhängig imaginierte Mutter. Unabweisbar ist der Erzählerin die Erinnerung, als die Mutter einst unter der Holztreppe (wohin beide dem Vater auszuweichen suchten), über ihrer beider Frauenexistenz mitteilte "Vergiß nicht, ein nutzloses Wesen hat wie-

derum nur ein nutzloses Wesen geboren". Die Unmöglichkeit der geschlechtlichen Selbstannahme bewirkt bei diesem aufwachsenden Mädchen sowohl die Unfähigkeit, sich die eigene Geburt als "normal" vorzustellen wie die, das eigene Geschlecht anzunehmen:

> "Sie erzählten mir, daß ich in einer Klinik zur Welt gekommen sei, was ich nicht glauben kann, denn ich bilde mir ein, noch heute unter dem Schreck zu leiden, mit dem ich in unserem blattumrankten Haus unter der Holztreppe (...) gewaltsam zur Welt gebracht wurde." (S. 7)

Phantasie wird zum einzigen Ausweg aus Angst und Bedrohung, weil im Reich der Phantasie statt geschlechtlichen Zuschreibungen Geschlechts- und Rollenomnipotenz möglich scheint und weil die Phantasie Unverwundbarkeit verspricht. Nach der erzwungenen Einkleidung zum Mädchen zieht sich die Ich-Erzählerin nach innen zurück und entdeckt "das unberührbare Geschlecht der Gedanken, und ich glaubte zu wissen, daß mir nichts mehr widerfahren könnte." So unberührbar sie das Geschlecht der Gedanken macht, so gewaltsam tobt es sich an anderen aus in den folgenden Phantasien, die sich gegen alles Geschlechtliche wenden. Sie kulminieren in der Phantasie der sadistisch ausgemalten Zerstörung eines Paares (deutlich ein Elternersatz), mit den beiden Teilen die Protagonistin angebändelt hat. In der Erzählung wird die rauschhaft erlebte Situation des von ihr provozierten Autounfalls (mit Absturz im Meer) voller Erregung über die eigene Zerstörungsmacht genossen. "Dabei begann mich ein Verlangen zu erfassen, das ungestillt, in jedem meiner Gedanken, über das Sterben hinaus, fühlbar bleiben mußte." (S. 96)
Hier nähert sich die Ich-Erzählerin einer Vorstellung, in der Tod und vorgeburtliches Sein zusammenfließen und eine neue authentische Geburt ermöglichen. Interessanterweise wird dieser Prozeß wieder begleitet von Explosions- und Wasseruntertauchphantasie wie in den Robinsonaden.

> "Plötzlich vernahm ich ein Donnern, das brodelnd im Meer unterging. Nur einmal toste das Wasser, dann schloß es sich. Gischt spritzte an den Felsen, es zischte und dann war alles wie zuvor. Eine Stille, die nichts anderes kennt". (S. 97)

Und wie Robinson imaginiert sich das Ich danach an Land gespült

> "Ich lag auf einem Felsenplateau, eins und selig, vibrierend in der Sinnlichkeit von Stein, Nacht und Chaos." (ebd.) Etwas später: "Ich stand - die Schwingen gebreitet - und vertauschte meinen Kreislauf mit dem des Meeres und der Nacht, fühlte atemlos, wie mein Inneres allmählich Punkt wurde mit der Unendlichkeit des Nichts. Weit entfernt, am Rande meines Ichs,

klangen tastend Schritte, ich hörte ein monotones Weinen, doch ich konnte nicht unterscheiden, ob es seine Stimme oder ihre war" (S. 98)

Dieses Geschehen muß in der Kombination von Zerstörungs- und Auswurfphantasien mit Ich entgrenzenden Symbiosevorstellungen als eine Geburtsphantasie verstanden werden, an deren Ende schwache Elternbilder wieder auftauchen.

Offensichtlich ist die Phantasie im Durchgang der verheerendsten Aggressions- und Zerstörungsvisionen an einen Punkt der Weltauslöschung, und das heißt hier v.a. der Ich- und Elternauslöschung gekommen, die das Ich wieder an seinen Anfang stellt, ihm eine neue (auch geschlechtliche) Genesis ermöglicht in Ablösung von den Eltern. Figuriert wird das im Roman dadurch, daß im folgenden der Vater stirbt und die Mutter sich als durchaus selbständige, von Vater und Tochter unabhängige Frau herausstellt. Die Tochter muß lernen, Phantasie und Wirklichkeit auseinanderzuhalten, die innere "Brennesselwüste" zu domestizieren und den Mitmenschen als zugleich anders, selbständig aber auch potentiell nah und ähnlich zu erkennen.

Der aus diesem Werk von mir vorangestellte Satz: "Erwachsenwerden heißt für mich, mitten im Leben mit gesteigerten Geburtsschmerzen auf die Welt zu kommen" könnte - wie ich meine - uns hier eine Hilfe sein, den Zusammenhang von Reifungsprozessen mit dem Geschehen vor und während der Geburt in einen Sinn- und Bedeutung-stiftenden Zusammenhang zu bringen.

Adressen der Referenten:
T.W. Dowling, Psychotherapie, Mythologie, Am Graben 2, 6500 Mainz
W.H. Hollweg, Psychoanalyse, Regressionstherapie, Eichenweg 1, 8213 Aschau
Dr. L. Janus, Psychoanalyse, Köpfelweg 52, 6900 Heidelberg
D. Kugele, Kinder- und Jugendlichenpsychotherapie, Josef-Werner-Straße 26, 6903 Neckargemünd
Dr. H. von Lüpke, Pädiatrie, Auf der Körnerwiese 6, 6000 Frankfurt
Prof. Dr. E. Meistermann-Seeger, Psychoanalyse, Christian-Gau-Straße 30, 5000 Köln
Dipl.-Psych. T. Müller-Staffelstein, Geburtsvorbereitung, Alte Landstraße 1, 7909 Dornstadt
Dr. H. Rausch, Suchttherapie, Cranachstraße 6, 5470 Andernach
Prof. Dr. I. Roebling, Germanistik, Loretto-Straße 36, 7800 Freiburg
Dr. G. Scheffler, Kinder- und Jugendlichenpsychotherapie, Uferstraße 48, 6900 Heidelberg
Dr. R. Stellberg, Rebirthing, Wülfrather Straße 7, 4000 Düsseldorf
Dr. N. Trentmann, Psychoanalyse, Elbdeich 94, 2105 Seeretal 2
Dr. R.A. Wirtz, Fürst-Pückler-Straße 59, 5000 Köln 41